Tocqueville et Arendt

Bernard Kabore

Tocqueville et Arendt

Une filiation cachée

L'Harmattan

5-7, rue de l'Ecole-Polytechnique, 75005 Paris

http://www.harmattan.fr
diffusion.harmattan@wanadoo.fr

ISBN : 978-2-343-08217-2
EAN : 9782343082172

LISTE DES ABRÉVIATIONS

I. Œuvres de Tocqueville

De la démocratie en Amérique I : DA I
De la démocratie en Amérique II : DA II
L'Ancien Régime et la Révolution : ARR
Souvenirs : S
Edition des Œuvres complètes, Gallimard, commencée en 1951 : OC

II. Œuvres de Hannah Arendt

Le concept d'amour chez saint Augustin : CAA.
Rahel Varnhagen, la vie d'une Juive allemande à l'époque du romantisme : RV
La tradition cachée : TC
Auschwitz et Jérusalem : A J
L'Antisémitisme : ANT.
L'impérialisme : IMP
Le système totalitaire : ST
La nature du totalitarisme : NT
Eichmann à Jérusalem. Rapport sur la banalité du mal : EJ
La crise de la culture : CC
Vies politiques : VP
La condition de l'homme moderne : CHM
Du mensonge à la violence : MV
Essai sur la révolution : ER
Penser l'événement : PE
La vie de l'esprit : VE
Considérations morales : CM
Qu'est-ce que la politique? : QP
Qu'est-ce que la philosophie de l'existence? : QPE
Edifier le monde : EM
Crise de l'éducation : CE

INTRODUCTION GÉNÉRALE

Tenter une étude comparative entre Alexis de Tocqueville et Hannah Arendt, semble relever d'une gageure. En effet, un certain nombre de choses les différencie. Un siècle les sépare et implique qu'ils n'aient pu mener leurs réflexions, en se référant aux mêmes réalités socio-politiques. De plus, si le domaine général de leur objet d'étude demeure la politique, les faits historiques qui constituent les points d'ancrage de leur pensée, diffèrent. Tocqueville se réfère à la Révolution américaine, c'est-à-dire à sa démocratie comme modèle pouvant inspirer la société française qui peinait à trouver son équilibre politique, après sa propre Révolution. Contrairement à ses propres inspirations, cette Révolution n'a pu atteindre ses objectifs de liberté et d'égalité entre les différentes composantes du corps social. Ce constat a interpellé Tocqueville qui cherchait à en comprendre les raisons afin d'en pallier les échecs. Hannah Arendt, quant à elle, recourt à une matrice de pensée que représente la question du totalitarisme dont le XX^è^ siècle a été particulièrement émaillé à travers les guerres, les idéologies fascistes, le communisme totalisant.

Malgré ces divergences chronologiques et socio-historiques, on peut se rendre compte en creusant davantage les deux pensées philosophiques, de l'existence de nombreux points de rencontre qui gravitent autour de leur passion commune pour la démocratie. Peut-être a-t-on mésestimé jusqu'à maintenant l'influence de Tocqueville sur Arendt, ou n'a-t-on jamais suffisamment mis en lumière ce qu'elle lui doit sur le plan de l'appréhension du concept de démocratie dont celle d'Amérique sert d'étalon. En effet, Arendt, en dehors de son expérience personnelle, apprécie l'Amérique à travers la lecture de Tocqueville qu'elle cite d'ailleurs abondamment. Même le style d'écriture d'Arendt, menant une pensée philosophique à l'intersection de la sociologie, de l'histoire et du journalisme, est influencé par Tocqueville qui avait opté pour le même procédé, un siècle avant elle. C'est pour tout cela qu'on peut dire de Tocqueville qu'il est un préarendtien, et qu'il se présente de ce fait comme un père intellectuel pour Hannah Arendt.

D'une part, l'analyse de la biographie de Tocqueville comparée à celle de Hannah Arendt semble révéler un lien entre l'histoire personnelle de chacun d'eux et l'intérêt pour la pensée et l'agir politiques. Il s'agira alors de comprendre comment les souffrances vécues par chacun, et par leurs familles respectives, ont pu déclencher cet intérêt. Tocqueville comme Arendt ont tous les deux eu conscience, à un siècle d'intervalle, d'initier une pensée politique radicalement nouvelle. Ils se sont sentis tous deux comme dépositaires d'une pensée à neuf de la philosophie politique en rupture avec toute la tradition. Le bien-fondé d'une telle entreprise aura été de débarrasser la politique de toute forme de violence qui lui était constitutive.

D'autre part, le repli solitaire nécessaire à chaque penseur pour concevoir et organiser ses idées, ne les a pas empêchés de se déployer sur le terrain de l'engagement. Ils se sont engagés, soit sous la posture d'homme politique, soit par un militantisme avéré, afin que leurs convictions intellectuelles se traduisent en actes concrets dans le quotidien de la vie politique. Ils se présentent ainsi tous les deux comme des défenseurs acharnés de la cause démocratique, en insistant sur le fait que la liberté qui est la raison d'être de la politique ne saurait jamais être atteinte qu'en se fondant sur l'égalité-pluralité constitutive de chaque société démocratique.

CHAPITRE I
L'HISTOIRE FAMILIALE COMME FERMENT DE PENSÉE ET COMME APPEL À L'ENGAGEMENT

Tout penseur est tributaire de son temps et des réalités socio-historiques qui l'environnent. Un regard jeté sur l'histoire familiale de nos deux auteurs permet de comprendre comment celle-ci a influencé leurs engagements intellectuels et politiques.

I. Un aristocrate démocrate

Charles Alexis Clérel de Tocqueville est né à Paris le 29 juillet 1805. Troisième et dernier enfant de sa famille, il avait deux frères aînés, Hyppolyte et Edouard, nés respectivement en 1797 et 1800. L'ancrage nobiliaire d'Alexis de Tocqueville se situe sur la double lignée paternelle et maternelle.

Par son père, Alexis de Tocqueville appartient à la vieille noblesse féodale normande. Dès le début du XVIIe siècle, un de ses ancêtres était déjà propriétaire d'un château à Tocqueville.

Hervé de Tocqueville, père d'Alexis, épousa Louise-Madeleine-Marguerite Le Peletier de Rosambo, qui sera la mère d'Alexis. Celle-ci était la petite fille de Chrétien-Guillaume de Lamoignon de Malesherbes qui occupa de hautes responsabilités d'Etat sous Louis XV et Louis XVI. Malesherbes était juriste de formation. Issu d'une grande famille noble, il fut nommé procureur du substitut de Paris en 1741. Il fut aussi directeur de la librairie, c'est-à-dire responsable de la censure royale sur les imprimés, poste dont il se servit pour soutenir l'*Encyclopédie* des philosophes des Lumières. De 1787 à 1788, il est membre du conseil d'En-Haut, (ou Conseil des affaires) sous Louis

XVI. Ce Conseil est ainsi nommé parce qu'il siégeait au premier étage du château de Versailles, à proximité de la chambre royale. Ce Conseil restreint de trois ou six membres qui portent en outre le titre de ministres d'Etat, est nommé par décret royal (personne n'étant membre de droit), pour travailler en collaboration intime avec le roi. Malesherbes fut un personnage très influent dans ce Conseil.

Il convient de souligner ici qu'il fit preuve d'une fidélité indéfectible au roi, et cela conduisit à sa condamnation à mort. Cependant, cette fidélité sans faille, ne doit pas occulter les oppositions parfois frontales qu'il manifestait face à l'absolutisme et au despotisme du roi Louis XVI. Il fut par exemple un ami des philosophes des Lumières, à qui il accorda sa protection, les couvrant ou les avertissant des sanctions royales imminentes. Son attitude vis-à-vis de Diderot illustra assez bien sa bienveillance à l'égard des philosophes. Lorsque le parlement ordonna la saisie des manuscrits de Diderot, Lamoignon de Malesherbes le fit avertir secrètement, et se proposa même de les recueillir chez lui afin de les soustraire à tout danger. « Envoyez-les tous chez moi...On ne viendra pas les y chercher [1] ». Nous le savons, les nouvelles idées des Lumières prônent la perfectibilité de l'homme, grâce à sa raison qui lui permet de s'assumer et d'atteindre une certaine autonomie au-delà de toute considération métaphysique. A cela, il faut surtout ajouter le combat des philosophes des Lumières pour le respect des libertés sociopolitiques. Toutes ces idées se révélaient subversives par rapport à l'organisation monarchique hiérarchique, marquée par l'ordre et la soumission.

---

1 F. GUIZOT, *L'Histoire de France depuis les temps les plus reculés jusqu'en 1789*, 1876, tome V, chapitre LV, p. 269.

Cependant, malgré la Révolution de 1789, qui transforma profondément la vie politique française, Malesherbes demeura légitimiste en dépit de son opposition au roi, et d'une disgrâce subie qui lui fit perdre toutes ses prérogatives politiques. Il se porta même volontaire pour le défendre à son procès, et écrivit ceci au président de la Convention : « J'ignore si la Convention nationale donnera à Louis XVI un conseil pour le défendre, et si elle lui en laissera le choix. Dans ce cas là je désire que Louis XVI sache que s'il me choisit pour cette fonction, je suis prêt à m'y dévouer[2] ». Pendant la période de la Terreur où on se livra à la chasse aux sorcières, Malesherbes qui était un proche collaborateur du roi, subit la guillotine avec six autres membres de sa famille, bien qu'il fut lui-même très critique vis-à-vis du pouvoir royal et n'eut de cesse de rappeler au roi ses devoirs relatifs au respect des droits de ses administrés.

Ce double lien nobiliaire de Tocqueville, mais surtout l'engagement politique de sa lignée maternelle qui connut d'illustres hommes d'Etat dont le plus célèbre fut Malesherbes, marqua profondément la pensée politique de Tocqueville. On peut dès lors comprendre que celui-ci, grand admirateur de son bisaïeul à la fois légitimiste et démocrate, « défenseur du peuple devant le roi et du roi devant le peuple[3] », fut plus tard taxé à son tour « d'aristocrate démocrate », ou si l'on veut, d'un homme écartelé entre sa compréhension du bien-fondé de la démocratie, et son attirance vers les avantages de la vie aristocratique dont il était doublement pétri. En effet les écrits et l'agir politiques de Tocqueville sont empreints à la fois de son passé nobiliaire et de ses convictions

---

[2] T. TASTET, *Histoire des quarante fauteuils de l'académie française depuis la fondation jusqu'à nos jours*, 1635-1855, volume 3, p. 483.

3 *Ibid.*

intellectuelles démocratiques. Une dualité dont il s'accommode, et qu'il tient de son bisaïeul. Tocqueville lui-même revendique fièrement cette référence à son ancêtre dans une correspondance: « c'est parce que je suis le petit fils de M. de Malesherbes que j'ai écrit ces choses[4] ». Cela pour signifier que ses convictions à tendance dualiste qu'on lui reproche, sont un héritage de son ascendant Malesherbes dont il est fier et qu'il se plaît à imiter.

Partant de ce constat il serait convenable de cesser de porter sur Alexis de Tocqueville un jugement exclusif, et de voir en lui, soit un aristocrate légitimiste invétéré, soit un démocrate progressiste effréné. Il ne serait pas non plus juste de faire de lui un fin calculateur, prêt à retourner sa veste au gré des changements politiques. « Tocqueville est - et se veut - tout simplement le descendant et l'héritier spirituel de Malesherbes, aristocrate issu de la haute noblesse de robe, noblesse parlementaire qui défendait les libertés accordées par le pouvoir et par les pouvoirs intermédiaires, ami des philosophes, défenseur de l'universalisme des Lumières et opposant déterminé au despotisme et à la terreur [5] ». De plus, ne pouvant nier son héritage aristocratique, il peut être considéré comme un homme fier de son identité familiale à laquelle il est naturellement attaché, mais qui reste ouvert, voire profondément acquis aux idéaux démocratiques. Cette double référence va orienter la vie entière de Tocqueville et constituer le socle aussi bien de sa pensée que de son agir politiques.

Une valeur qu'il retint de l'aristocratie est celle de l'ordre qui lui semble fondamentale pour ériger un vivre-

---

4 Cité par A. JARDIN, *Alexis de Tocqueville, 1805-1859*, Paris, Hachette Littérature, 1984, p. 39. Tocqueville se présente souvent comme le petit fils de Malesherbes, mais en réalité, celui-ci est son bisaïeul et non son grand père.

5 J-L. BENOÎT, *Tocqueville. Un destin paradoxal,* Paris, Bayard, 2005, p. 15.

ensemble harmonieux et apaisé. Le sentiment de Tocqueville était que les mouvements incontrôlés des foules, même quand ils sont motivés par des objectifs légitimes de recherche de liberté et de justice, finissent toujours dans le désordre, et conduisent la plupart du temps à la violence. La situation paradigmatique de la Révolution française a toujours constitué pour lui, un exemple type de ce genre de dérive. Peut-être dans l'inconscient de notre auteur, remonte le sort subi par son ancêtre Malesherbes. Ce dernier, comme nous l'avons constaté, bien qu'il fût proche du peuple et partageât la légitimité de ses revendications, payât de sa vie pour sa fidélité à l'ordre monarchique établi. Il ne s'agissait pas pour lui d'une fidélité bornée, ignorante de l'esprit critique. Il ne s'agissait pas non plus pour lui d'une volonté de défendre coûte que coûte un homme qu'était le roi, mais du respect d'une institution séculairement établi et qui était garante de la stabilité et de l'identité nationale. Pour lui, ce respect ne s'opposait aucunement à une nécessité de réformes de l'intérieur, afin de prendre en compte les légitimes revendications du peuple. La suite de l'histoire de la France marquée par une instabilité sanglante récurrente depuis la chute de la monarchie, donne à mieux comprendre la préoccupation de Malesherbes dont Tocqueville est le fidèle héritier. Par la suite, seule la République fut capable de rétablir l'ordre et la stabilité, parce qu'elle sut se doter d'institutions fortes. Héritier d'une telle manière de considérer les choses, tout se passe pour Tocqueville comme s'il entrevoyait sans l'expliciter, la vérité qui prévaut, à savoir que dans toute démocratie, il importe d'abord d'asseoir des institutions solides en guise de valeurs premières. D'elles dépendront ensuite les valeurs importantes mais secondaires que seront les questions de la liberté et de l'égalité.

En nous référant aux deux schémas politiques apparus au XIXè siècle et introduisant un clivage entre une vision politique ancrée à gauche et une autre à droite, on peut déduire que l'ordre monarchique hiérarchique se situe à droite, et les revendications populaires exprimées lors de la Révolution à gauche. Ainsi, Tocqueville qui est à la fois un homme pétri par ses origines nobiliaires, mais qui est aussi passionné par les valeurs démocratiques, aurait le cœur à droite, et la raison à gauche.

II. Une fille de Sion

La double lignée parentale d'Arendt est juive. Ses ascendants, les Arendt et les Cohn émigrèrent de Russie pour s'établir à Königsberg en Allemagne, ville qui avait accueilli une importante population juive fuyant les pogroms et la législation anti-juive du tsar Nicolas. Du côté maternel, le bisaïeul d'Hannah Arendt, fonda à Königsberg une entreprise d'importation de thé qui devint vite florissante. Quand Jacob Cohn, le grand père d'Arendt succéda à son père décédé, il étendit l'entreprise qui devint très importante. A sa mort en 1906, il légua une entreprise prospère à sa femme et à ses sept enfants dont Martha, la maman d'Arendt.

Du côté paternel, Max Arendt, le grand père d'Annah Arendt, résidait aussi à Königsberg, depuis que sa mère, fuyant la Russie avec sa famille, s'y était établie. Il appartenait au cercle des intellectuels juifs non traditionalistes qui défendaient les idées de l'émancipation sociale et culturelle des Juifs. Moïse Mendelssohn était la figure de proue de ce cercle. A la mort de ce dernier en 1786, le roi de Prusse, après consultation de ses conseillers, refusa d'accorder la citoyenneté de son pays aux Juifs. Cette situation découragea plus d'un, qui décida de se convertir au christianisme, pour avoir ainsi accès à la pleine citoyenneté.

Max Arendt, bien que Juif pratiquant, ne voyait pas d'un bon œil l'idéologie sioniste qui avait une association à Königsberg. A cette association avaient adhéré un certain nombre d'étudiants juifs dont Kurt Blumenfeld (ami de Max Arendt, et plus tard mentor de Hannah Arendt) qui en deviendra le président. En effet Max Arendt qui était alors président de (l'« organisation centrale des citoyens allemands de confession juive)», ne supportait pas l'idée d'une organisation qui mettrait en cause la germanité des Juifs. Il considérait que la bataille à mener était celle de la revendication des droits civiques et citoyens allemands, tout en gardant sa spécificité juive. Le sionisme au contraire, en se cristallisant sur l'identité juive avec pour visée une nationalité juive en Palestine et par conséquent extra allemande, pouvait à ses yeux desservir la cause des Juifs allemands, voire favoriser la haine anti-juive. Nous pouvons déceler ici des traces de la conviction qui sera plus tard celle de Hannah Arendt de revendiquer à la fois sa pleine citoyenneté allemande et sa particularité juive.

Paul Arendt, le père de Hannah, était un ingénieur de formation. Il était plus cultivé et d'esprit plus ouvert que son père Max. Paul et sa femme Martha avaient des opinions politiques beaucoup plus marquées à gauche, et ils devinrent socialistes alors que le parti socialiste était encore interdit en Allemagne, et que la plupart de leurs contemporains militaient dans le parti démocrate allemand[6]. Les parents de Hannah Arendt qui n'étaient pas des Juifs pratiquants quoique non hostiles aux idées religieuses, voire attachés à elles, laissaient les grands parents amener leur fille à la synagogue. Quand elle était à l'école primaire, elle reçut aussi une formation religieuse du rabbin Vogelstein qui entretenait de bonnes relations avec le couple Arendt. Ce rabbin professait que « le doute et les

---

6 E. YOUNG-BRUEHL, *Hannah Arendt*, Paris, Calmann-Lévy, 1999, p. 12.

incertitudes d'un individu ne menacent pas son identité juive[7] ». Autrement dit, le caractère juif d'une personne ne relève pas uniquement de sa foi ou de sa pratique religieuse. La judéité d'une personne dépasse ces données pour imprégner son être, quelles que soient les circonstances et quel que soit son état de vie. Sans employer le terme, il s'agirait ici d'une conception de l'ordre du biologique qui fait qu'on apparaît au monde déjà marqué du sceau indélébile de sa judéité. Cette manière de voir les choses relève d'une mutation importante que Vogelstein a introduite, car dorénavant, la foi n'est plus le critère unique de la judéité, mais comme le fera remarquer plus tard Hannah Arendt à la suite de Kurt Blumenfeld : « peu importe ce que tu crois ou ne crois pas, tu es Juif de naissance[8] ».

Cette question de sa judéité aura hanté Arendt toute sa vie et aura marqué toute son existence et toute son œuvre. Cependant ce donné a souvent été négligé par différents commentateurs d'Arendt (avant la parution du livre d'Elisabeth Young-Bruel cité plus haut, consacré à sa biographie) : « lorsque après sa mort en 1975, la New School de New York rendit hommage à sa mémoire, aucune des conférences ne prit en compte sa relation à la condition juive. Arendt était considérée comme une citoyenne du monde, une théoricienne de la politique pour laquelle l'origine juive n'était qu'un fait accessoire[9]». S'il est vrai que la pensée de quelqu'un, du penseur en l'occurrence, une fois exprimée devient un bien universel

---

7 *Ibid.*, p. 13.

8 *Ibid.*, p.14.

9 M. LEIBOVICI, *Hannah Arendt, une Juive. Expérience politique et histoire*, Paris, Desclée de Brouwer, 1998. P. 19. Elle y montre comment Hannah Arendt puise à la source de son expérience juive vécue dans le totalitarisme pour élaborer certains aspects majeurs de sa pensée.

indépendamment de l'identité de la personne, on ne saurait négliger le fait que son histoire personnelle et sa psychologie influent sur sa pensée ou la marquent de quelque manière.

En ce qui concerne Arendt, ne pas prendre en compte l'importance de sa judéité dans sa pensée porte un préjudice grave à toute son œuvre et ne permet pas de l'appréhender et de la comprendre de manière authentique. Hannah Arendt elle-même n'a eu de cesse d'afficher et de revendiquer sa judéité et de montrer comment son histoire personnelle en est marquée, et comment cette question a orienté sa vie politique historique et intellectuelle: « Mon existence non bourgeoise ou littéraire s'appuie sur le fait que grâce à mon mari j'ai appris à penser politiquement et à avoir un regard d'historienne et que, d'autre part, je n'ai pas cessé de m'orienter historiquement et politiquement à partir de la question juive [10] ». Elle renchérit dans une correspondance avec un autre Juif, Gershom Scholem, qui l'accusait d'un manque d'amour pour le peuple juif après la publication de son livre sur le procès de Eichmann à Jérusalem[11]: « j'ai toujours considéré ma judéité comme une des données réelles et indiscutables de ma vie et je n'ai jamais souhaité changer ou désavouer des faits de ce

10 Lettre du 29/1/1946, *Correspondance Hannah ARENDT/Karl JASPERS 1926-1969*, traduction E. KAUFHOLZ-MESSMER, Payot, 1995, p. 70.

11 Arendt dénonce dans ce livre, la culpabilité de certains Juifs qui ont participé au génocide d'autres Juifs. De plus, au regard de la superficialité et de l'indifférence de Eichmann face à la tragédie juive dont il a été un des acteurs clé, Arendt en arrive à la conviction que le concept de radicalité qu'elle avait d'abord utilisé dans ses premiers écrits pour désigner le mal nazi, peut finalement être compris comme quelque chose de banal. Ces manières de voir les choses sont au cœur du désaccord qui oppose Arendt à Gershom Scholem.

genre [12] ». Elle ajoute dans le même ordre d'idées, toujours pour répondre à cette accusation : « Je trouve intriguant que vous écriviez : " Je vous considère comme une fille de notre peuple, une fille à part entière, et rien d'autre." La vérité est que je n'ai jamais prétendu être autre chose, ni être autre que je ne suis et je n'en ai même jamais éprouvé la tentation. C'est comme si l'on disait que j'étais un homme et non une femme, c'est-à-dire un propos insensé[13] ». Comme nous le constatons, Arendt n'a jamais marchandé sa judéité. Elle a toujours affiché une fierté légitime à revendiquer son identité juive. Cependant il faut reconnaître que d'une manière intrinsèque, cette revendication n'aurait eu aucune importance en soi pour elle, si les évènements antisémites ne l'avaient pas conduite à lui donner une teneur politique. C'est précisément sur l'angle uniquement politique qu'il faut comprendre sa revendication de l'identité juive. Elle était une Juive qui voulait vivre en affirmant fièrement son identité dans une société européenne, et ce, en refusant de succomber à la tentation de l'assimilation ou à celle de l'enfermement dans le ghetto. Dans ce sens, nous reconnaissons volontiers avec Sylvie Courtine-Denamy que « Hannah Arendt ne fut pas une Juive assimilée et en dépit de références fréquentes à la tradition grecque ou à la tradition chrétienne, il n'est plus permis de mettre en question son rapport au judaïsme, à la Shoah et à la création de l'Etat d'Israël : elle connut l'exil, elle appartient à la tradition cachée des Heine, Lazare, Chaplin, Kafka [14] ». Nous reprenons aussi l'idée de J.C. Eslin pour conclure que comme ces personnages

---

12 G. SCHOLEM, « Le procès Eichmann : un débat avec Hannah Arendt » in *Fidélité et utopie. Essai sur le judaïsme contemporain,* Paris, Calmann Levy, 1978, trad. fr. M.Delmotte et B Dupuy, p. 222.
13 *Ibid.*
14 S. COURTINE-DENAMY, *Hannah Arendt*, Paris, Belfond, 1994, p. 66.

célèbres du judaïsme, elle ne fut ni une femme assimilée, ni une femme de ghetto, mais un paria sur la place publique[15]. Sa référence au judaïsme est donc purement politique et non culturelle ou religieuse. Même quand elle s'engagera auprès des sionistes, ce sera toujours pour défendre des idées politiques.

En effet, elle est apparue au monde en 1906, à la dure époque de l'antisémitisme européen, et de ce fait, elle a dû en subir les conséquences les plus sombres. Elle avait huit ans quand éclata la première guerre mondiale (1914-1918). Elles furent obligées, elle et sa mère (son père Paul étant déjà décédé), de fuir leur ville menacée par les troupes russes, pour se réfugier momentanément à Berlin. Elles quittèrent précipitamment leur maison sans savoir si elles y reviendraient : les ravages provoqués par l'avancée des troupes russes étaient tels que des populations entières abandonnèrent leurs contrées et leurs biens, n'emportant que le minimum pour fuir les atrocités de la guerre. Cependant, la fuite de la famille d'Arendt ne dura que quelques semaines, le temps que les troupes allemandes reprennent le dessus. Les pires moments de cette période sombre de la vie d'Arendt, survinrent après cette guerre, autour des années 1930 avec la recrudescence de l'antisémitisme en Europe qui prit une tournure particulière en Allemagne.

La montée en puissance du nationalisme allemand qui culmina avec l'ascension d'Hitler au pouvoir marqua le début d'un antisémitisme d'un genre nouveau, jusqu'alors inconnu en Europe. La prise de conscience par Arendt de la gravité de l'antisémitisme allemand qui ne pouvait être combattu que par un sionisme conséquent, fut rendue possible par son ami sioniste Kurt Blumenfeld. En effet,

15 J-C. ESLIN, « Une loi qui vaille pour l'humanité », dans *Esprit*, n° 6, 1980, pp. 41-45.

pendant une longue période de sa jeunesse et de ses études universitaires, Hannah Arendt s'est tenue à l'écart des préoccupations et des questions politiques, car « elle était, ce dont elle aura honte plus tard, extrêmement naïve et détachée des choses de ce monde [16] ». Blumenfeld, celui que Arendt appelait « mon mentor en politique », fut donc celui qui l'éduqua à la prise de conscience du lien qui existe entre sa judéité et le donné politique, et qu'il fallait répondre au problème politique de l'antisémitisme, par la solution politique du sionisme : « Ce fut Kurt Blumenfeld qui éveilla et entretint son identité juive et qui lui fit partager le renouveau de la conscience juive entrepris par les sionistes [17] ». Mais les événements antisémites de plus en plus nombreux sur le plan culturel, universitaire, social et professionnel rendirent la tâche de Blumenfeld assez facile. C'est à partir de 1933 que ces événements provoquèrent ce retournement radical de Hannah Arendt avec l'incendie du Reichstag, dans la nuit du 27 au 28 février 1933. Parce que les communistes allemands ou les Juifs furent accusés d'en être les auteurs, les exactions contre ces deux groupes, et particulièrement contre les Juifs, devinrent plus violentes et en même temps plus banales. Ce furent d'ailleurs ces événements associés à d'autres qui leur sont antérieurs, qui convertirent Blumenfeld lui-même au sionisme. Il raconta que lorsqu'il était jeune, la domestique catholique de la famille lui avait avoué se confesser régulièrement de servir des « déicides ». Lui-même eut honte un jour avec un ami allemand d'adopter un comportement de condescendance vis-à-vis d'un Juif venu de l'Est[18].

Le sionisme que professait Blumenfeld et auquel Arendt adhéra était moins un mouvement politique ou

16 E. YOUNG-BRUEHL, *op. cit.*, p. 54.
17 *Ibid.*, p. 88.
18 *Ibid.*, p. 91.

strictement religieux, qu'une analyse critique des réactions psychologiques et des faits sociologiques. Il s'agissait avant tout pour le Juif d'apprendre à être fier de son identité, d'en témoigner et de se sentir l'égal de tout autre citoyen. Il ne fallait pas que ce soit les autres citoyens qui lui révèlent ou rappellent sa judéité, mais il importait que tout Juif s'assume d'abord comme tel et qu'il soit fier en tant que citoyen différent, de traiter avec les autres avec fierté en gardant toujours la tête haute.

Comme nous le disions plus haut, l'antisémitisme, à la manière d'une anesthésie, s'était donc infiltré progressivement dans la société allemande, pour affecter les différentes parties du corps social. Les crises socio-économiques et politiques, ainsi que les frustrations liées aux conditions imposées à l'Allemagne perdante de la première guerre mondiale, avaient fait naître des réflexes nationalistes chez bon nombre d'Allemands. Même le monde universitaire et les intellectuels qui en de pareilles circonstances constituent un rempart contre l'arbitraire, se laissèrent contaminer par la fièvre nationaliste. Le cas le plus illustre fut celui de Heidegger, brillant professeur d'Arendt, qui, en 1933 se laissa gagner par les idées xénophobes et antisémites du parti national-socialiste d'Hitler[19], pendant que sa femme recrutait parmi les brillants étudiants des militants pour ce parti. En effet, à l'université de Marbourg où il enseignait, même si l'antisémitisme n'y était pas virulent, « les réflexions antisémites n'étaient pas rares parmi les adhérents des confréries étudiantes et ceux de la jeunesse national-socialiste. De jeunes extrémistes de droite parvenaient de temps en temps, par l'entremise de sa femme, à pénétrer le cercle des amis de Heidegger[20] ». Quand au printemps 1933, Heidegger fut nommé recteur de l'université de Fribourg à la place de son prédécesseur

19 *Ibid.*, p. 81.
20 *Ibid.*, p. 76.

social-démocrate, démis de ses fonctions pour avoir refusé d'afficher le fameux avis nazi interdisant aux Juifs d'enseigner, il ne manqua pas de célébrer dans son discours inaugural, « la magnificence, la noblesse de cet éveil national [21]». Face à cette « conversion » des intellectuels au nazisme, la déception des Juifs et de quelques intellectuels allemands fut très grande. Tous ces faits décidèrent Arendt à faire le saut dans l'engagement politique.

* *

*

L'attitude d'un être humain face aux événements historiques douloureux qu'il ne décide pas, et dont il ne maîtrise pas le cours, peut s'exprimer de deux façons. La première consiste à se résigner et à subir leurs conséquences de manière passive et apathique. La seconde conduit à les appréhender de manière authentique en les questionnant pour en débusquer le sens profond, et en leur faisant surtout face en vue de leur maîtrise. Tocqueville et Arendt ont résolument opté pour la seconde attitude.

---

21 *Ibid.*, p. 138.

CHAPITRE II
S'ENGAGER, UN DEVOIR POUR L'INTELLECTUEL

S'exprimer c'est s'exposer parce que l'idée exposée livre son auteur à la critique des autres. C'est aussi s'engager, parce que toute expression d'idée participe aux débats indispensables à la construction d'un monde pluriel. Mais au delà de cet aspect des choses, tout intellectuel s'arrête à mi-chemin de son engagement, s'il ne se contente que d'émettre des idées conçues dans la solitude du retrait. De ce point de vue, il peut être considéré comme un intellectuel partiel. Cependant, il sera un intellectuel authentique, et en accord avec lui-même s'il y a adéquation entre sa pensée et son agir ou plutôt si sa pensée est conçue comme un tremplin pour son agir. Tocqueville et Arendt font partie de cette catégorie de personnes qu'on peut appeler pour cette raison, des penseurs entiers.

I. Un appel irrésistible

On ne saurait apprécier l'engagement politique de Tocqueville sans au préalable évoquer sa formation intellectuelle de magistrat. Après la Révolution, les aristocrates qui auparavant avaient leur statut social et leur carrière professionnelle bien prédéterminés, devaient désormais se soucier de construire à l'instar des autres citoyens leur situation professionnelle. C'est ainsi qu'après trois ans d'études de droit à Paris, il devient magistrat en juin 1827. Son père Hervé de Tocqueville alors préfet de Versailles sollicita au garde des sceaux un poste pour son fils au tribunal du lieu. Il fut ainsi nommé quatrième juge auditeur à Versailles. A l'époque, en tant qu'auditeur, il ne bénéficiait pas de statut contractuel réel, car considéré comme stagiaire, il n'avait aucune rémunération. Il fallait donc travailler en attendant qu'un poste se libère ou qu'une affectation lui soit proposée. N'ayant jamais eu de promotion de titulaire, Tocqueville qui par ailleurs n'avait pas de talent d'orateur, poursuivit non sans manque d'enthousiasme son activité de juge auditeur pendant seulement quatre années. Se sentant mal à l'aise dans sa fonction de magistrat, Tocqueville pensa vite à briguer une carrière politique. Il fit part à son ami Gustave de Beaumont de ce désir intime qui l'habitait : « Il n'y a pas à dire, c'est l'homme politique qu'il faut faire en nous[22]». La première occasion d'un engagement politique lui fut offerte lors des trois journées révolutionnaires de 1830, dites les « Trois Glorieuses », qui conduisirent à la démission du roi Charles X de la maison des Bourbons, et à son remplacement par Louis Philippe premier, de la maison d'Orléans, branche cadette des Bourbons. « La monarchie de juillet » (1830-1848), était ainsi installée.

Etant d'éducation aristocratique et de tradition légitimiste, Tocqueville décida pendant les *« Trois Glorieuses »* de défendre le régime légitime de Charles X, même s'il était par ailleurs assez critique vis-à-vis de ce régime qu'il jugeait despotique. Il fit par exemple remarquer que le durcissement du régime pour se maintenir au pouvoir, ne pouvait en fait que hâter sa perte, car pour lui, la poussée démocratique était une réalité inéluctable. Il vit ainsi dans l'expédition d'Alger initiée par le régime, une manœuvre habituelle de diversion de tout régime aux abois, qui crée des problèmes politiques extérieurs pour empêcher le peuple d'affronter les vrais problèmes socio-politiques internes. Ce qu'il écrivit à son frère Edouard, et qui lui valut d'ailleurs un appel à la retenue et à la modération de la part de son père, révèle fort bien ses

22 TOCQUEVILLE cité par P. BIRNBAUM, *Sociologie de Tocqueville,* Paris, PUF, 1970, p. 8.

convictions à ce propos: « Le ministère n'a pas fait coïncider sans dessein l'affaire d'Alger avec les nouvelles élections. Il espère y apporter tout l'ascendant de la victoire[23] ».

C'est donc en dépit de toutes ces critiques qu'il se présenta comme volontaire de la garde nationale pour combattre les insurgés. « Il reçoit un fusil et des munitions qu'il rapporte deux jours plus tard. Le spectacle de la guerre civile est pour lui effrayant : comment supporter de voir des soldats se faire tuer pour une cause perdue et par ailleurs indéfendable, qui n'était pas la leur ? [24] ». Après tous ces événements, le devenir et l'avancement professionnels de Tocqueville furent liés à la nécessité d'une prestation de serment au nouveau régime. Mais considérant une telle attitude comme une trahison, il refusa de prêter serment.

C'est dans ce contexte politique trouble, que le projet de voyage d'Alexis de Tocqueville en Amérique trouve sa justification véritable. Ainsi avec son ami magistrat, Gustave de Beaumont, il obtint un congé de dix-huit mois du garde des sceaux pour le motif officiel d'étudier le système pénitentiaire américain. En plus de cette première raison, ce voyage revêtait pour lui une tactique pour asseoir une future carrière politique. Ce voyage d'une longue durée en Amérique, tout en lui permettant de s'inspirer de la politique américaine, lui donnait le temps sans cesser d'être magistrat, de planifier une stratégie en vue de ses conquêtes politiques en France. Par la suite, il a suffi que du retour des Etats-Unis, son premier écrit (*De la démocratie en Amérique*) le fasse connaître du grand public, pour remporter des victoires électorales.

---

23 TOCQUEVILLE cité par J.L. BENOÎT, *op.cit.*, p. 45.
24 J-L. BENOÎT, *op.cit.*, p. 46.

Tocqueville et Beaumont partirent en avril 1831 aux Etats-Unis et revinrent en janvier 1832. A leur retour de voyage, ils demandèrent un congé pour rédiger leur rapport. Beaumont fut le rédacteur de ce rapport adressé au ministre de l'intérieur et intitulé : « Du système pénitentiaire aux Etats-Unis et de son application en France ». Six semaines après leur retour, Tocqueville démissionna de sa fonction de magistrat par solidarité avec son ami Beaumont révoqué. Comme nous le constatons, on ne saurait vraiment parler de carrière de magistrat pour lui, puisqu'il ne fut jamais magistrat à part entière, n'ayant jamais, ni été titularisé ni perçu aucun salaire. Il convient donc surtout de garder de Tocqueville l'image du théoricien et de l'acteur politique. Cette démission lui donna le temps nécessaire pour rédiger la première partie de *« De la Démocratie en Amérique »,* qui fut le livre de l'année 1835 et qui le rendit très célèbre. Dans ce livre, il est essentiellement question de la constitution, des mœurs, et de la géographie de l'Amérique.

Conformément à ses prévisions, notre auteur devint une personnalité recherchée dans les salons littéraires et les milieux politiques. Ayant le vent en poupe avec cette renommée, il décida en 1837 de se présenter à Valognes aux élections législatives, mais cette première tentative fut sans succès. Cependant, cet échec n'ayant entamé en rien son succès auprès des milieux intellectuels et politiques, il fut élu en janvier 1838, à l'académie des Sciences morales et politiques. En 1839, prenant sa revanche, il devint député de Valognes, et fut réélu en 1848, année au cours de laquelle il publia le second volume de *« De la démocratie en Amérique »*, qui n'aura pas le même retentissement que le premier, car jugé assez abstrait par le commun des lecteurs. En effet, il y traite en substance du devenir de la liberté dans les sociétés égalitaires de manière générale, sans ancrage précis dans un pays donné, même si l'un ou l'autre pays dont notamment les Etats-Unis sont convoqués à titre d'illustration. Ce manque d'accueil enthousiaste et populaire, n'empêcha pas certains intellectuels comme John Stuart Mill de voir dans ce second volume, le premier grand ouvrage politique consacré à la démocratie moderne.

Tocqueville député, eut une activité politique très intense. Tout laisse croire qu'après avoir échoué dans sa fonction de magistrat, il a pu saisir l'opportunité en tant qu'élu du peuple de réaliser enfin son grand rêve : « faire en lui l'homme politique » comme il en avait fait la confidence à son ami Gustave de Beaumont, et dont il a été fait écho plus haut. Ainsi, au cours de son mandat de député, il rédigea trois rapports importants sur des sujets différents, mais qui eurent en commun de révéler en lui un humaniste et un homme politique épris de justice et de démocratie.

Le premier rapport, rédigé en 1839, concerne l'abolition de l'esclavage dans les colonies françaises. Tocqueville y dénonce l'esclavage des nègres comme absolument injustifiable. Aux Etats-Unis, Tocqueville a fait l'expérience de ce fléau moral que constitue l'esclavage. A son retour en France, il s'associe aux travaux de la Société pour l'abolition de l'esclavage, conduite par le duc de Broglie. Voici en substance les propositions économiques faites par Tocqueville pour accompagner la loi sur l'abolition. Il suggère que l'Etat garantisse les achats du sucre à un prix déterminé et suffisant pour éviter une chute de production. Il impose aussi aux esclaves libérés de ne posséder en un premier temps que leur lopin de terre afin d'éviter qu'ils n'abandonnent complètement les exploitations sucrières et provoquent par cet abandon une crise économique majeure. Louis Philippe refusa le projet qui coûterait cher à l'Etat. Mais quand le texte fut débattu au Parlement, Tocqueville intervint et agita la fibre patriotique des députés en présentant l'abolition comme la fille de la nation française (puisque la Révolution française professe l'égale dignité de tous les hommes), même si les Anglais avaient déjà devancé les Français dans la mise en pratique de cette abolition. Dans ce discours, Tocqueville fit usage d'une pugnacité bien tranchée pour défendre ses convictions politiques humanistes, bâties sur la liberté humaine et sur l'égalité essentielles qui existent entre les hommes quels qu'ils soient.

L'histoire retiendra que tous ses efforts ne suffirent pas pour obtenir l'abolition de l'esclavage dans les territoires français, (abolition qu'il défendait depuis 1839), mais ils constituèrent néanmoins des fondements sur lesquels la révolution de 1848 s'appuiera pour adopter les décrets qui mirent fin à l'esclavage[25].

Le deuxième rapport concerne la réforme du système pénitentiaire français qu'il s'agissait pour lui de rendre plus humain. En se basant sur son expérience américaine, il réussit le 18 mai 1844, après un âpre combat mené au parlement, à faire adopter le texte de loi sur cette réforme[26] .

Le dernier rapport important de notre acteur politique, concerne les affaires d'Algérie, où il se rend deux fois, d'abord avec son ami Beaumont en mai 1938 et cinq ans plus tard avec son épouse Marie, pour toucher du doigt les réalités de cette colonisation qui était menée d'une manière inquiétante sur le plan humain et politique. D'une manière générale, Alexis de Tocqueville a eu pour la colonisation une attitude d'approbation, mais il dénonce sans complaisance les exactions commises par les militaires, à la fois contre les indigènes et contre les colons civils. En somme, ce qu'il soutient, c'est l'idée d'une

---

25 *Ibid.*

26 *Ibid.*, p. 251.

colonisation en douceur qui se passe selon des normes respectueuses des droits humains. Jean-Louis Benoît résume ses propositions assez perspicaces en ces termes : « En premier lieu, l'Algérie doit cesser d'être une terre de non droit, l'arbitraire de l'armée et de l'administration doit laisser place à une véritable garantie des droits individuels. Pour cela, il faut absolument limiter les droits illimités du gouverneur, [...] exiger pour les expropriations des délais et des déclarations d'intérêt public, garantir la propriété et réformer le tribunal administratif qui est pour l'heure l'exemple du non droit et de l'iniquité[27] ». Le texte entier sur la colonisation de l'Algérie, est à notre sens un texte à portée universelle, applicable à toute forme de colonisation dans le temps et l'espace. On peut regretter que Tocqueville n'ait pas eu suffisamment de hauteur d'esprit pour condamner la colonisation dans son principe même, puisqu'elle est contraire aux valeurs morales humaines. Mais on peut comprendre son attitude car il est fils de son temps et forcément exposé à en subir la mode. De plus, on ne saurait manquer d'apprécier son désir de voir la justice et le droit accompagner toute forme de colonisation.

Maints passages de ce texte peuvent être sujets à discussion ou même être contestés par le lecteur actuel. On pourrait par exemple reprocher à Tocqueville un esprit de supériorité et de condescendance par rapport aux Algériens, de cautionner la colonisation et de voir dans cette entreprise une œuvre nécessaire aux intérêts financiers et au développement économique de la France. Dans cette optique, s'il concède certains avantages aux Algériens, ce n'est qu'en vue des profits que le colon pourrait en tirer. Si ces idées sont pour nous aujourd'hui insoutenables, il faudrait les replacer dans leur contexte pour comprendre que par rapport aux idées prégnantes de

---

27 *Ibid.*, p. 270.

l'époque, celles de Tocqueville étaient révolutionnaires. En effet, elles reconnaissaient aux colonisés des droits à la possession de terres et de biens, à la conservation de leur culture et de leur religion, à un traitement humainement digne selon l'esprit des droits humains professés par la Révolution française. Il est ici habité par les mêmes sentiments que ceux qui l'ont motivé à défendre l'abolition de l'esclavage, pendant que l'opinion commune, était encore très favorable à son maintien. De plus, nous pouvons facilement déceler que ce texte a un caractère prémonitoire au regard de ce qui s'est produit ultérieurement en Algérie et dans les autres colonies des puissances européennes. Il nous permet aussi de comprendre pourquoi partout les colonisations ont échoué et pourquoi de multiples guerres de libération ont jalonné l'histoire des colonies, chaque fois que des hommes ont enfermé d'autres hommes sous une férule humiliante.

Par ailleurs, l'intime conviction d'Alexis Tocqueville qu'il avait d'ores et déjà professée dans son premier volume de « *De la démocratie en Amérique* » est que les militaires sont inaptes à s'occuper de politique en général et surtout à bâtir une quelconque démocratie. Les événements ultérieurs de l'histoire de France donnèrent raison aux inquiétudes de Tocqueville, puisque Saint-Arnaud, un ancien de l'armée d'Afrique sera un des principaux acteurs du coup d'Etat qui sous l'instigation de Napoléon sacrifiera la République. Au-delà de l'histoire particulière de la France, c'est l'histoire universelle de l'humanité qui témoigne de l'incompétence du militaire à gérer les affaires publiques. En effet, il est habitué à utiliser les armes comme instruments de force, de contrainte et de coercition pour solutionner ses problèmes, quand la politique requiert l'argument de la parole à travers l'échange. Chaque fois que l'armée s'est occupée de politique, même sous le noble prétexte de sauver le peuple d'une tyrannie ou d'une dictature quelconque, elle s'est toujours illustrée par l'expression de l'arbitraire, de la répression, et de la violence, toutes choses incompatibles avec la moindre idée de démocratie qui est du domaine de l'inter-subjectivité et du dialogue.

Nous ne saurions terminer cet aperçu sur l'engagement politique de Tocqueville sans noter le fait qu'il fut député jusqu'en 1851. Ainsi, après la seconde révolution qui provoqua la chute de la monarchie de juillet, il fut élu à l'Assemblée constituante et devint une personnalité importante du « parti de l'Ordre ». En tant que membre chargé de la rédaction de la constitution, il défendit le bicamérisme et l'élection du président au suffrage universel. Hostile à l'élection de Charles Louis Bonaparte (Napoléon III) à la présidence, lui préférant Cavaignac, il accepta cependant d'être son ministre des Affaires étrangères entre juin et octobre 1849. Manifestant sa réprobation au coup d'Etat du 2 décembre 1851, opéré par ce même Napoléon Bonaparte, il est incarcéré. Une fois libéré, il décida de quitter définitivement l'arène politique, puis se retira à son château de Tocqueville où il entama l'écriture de *« L 'Ancien Régime et la Révolution »*, paru en 1856. La seconde partie de l'œuvre était inachevée quand il mourut le 16 avril 1859.

Ce bref aperçu sur son engagement politique, nous révèle quelques traits saillants du personnage. Sa trajectoire lui permet d'incarner plusieurs vies et de faire montre de plusieurs qualités. Ses origines familiales, son parcours intellectuel et son engagement politique, font de lui un noble à l'esprit ouvert aux changements de son temps ; un juriste sensible aux questions de justice et de droit ; un voyageur qui veut étancher sa soif de connaissance à travers ce qu'il découvre des hommes et des choses ; un sociologue qui va à la rencontre des peuples et qui sait les étudier dans leurs comportements et dans leur milieu de vie géographique et socio- économique ; un historien qui reconnaît qu'au-delà de la Providence divine, les hommes sont les bâtisseurs de leur société et tiennent en main la capacité d'influer sur le devenir de leur histoire ; enfin, un philosophe et un homme d'action politique avisé qui a su détecter la marche inexorable des sociétés vers la démocratie, et qui s'est engagé en politique pour accompagner cette démocratisation. A ce titre, il fut un homme de principe, fidèle à ses engagements et respectueux de l'ordre établi. Ce n'est peut-être pas un hasard que le parti auquel il adhère, s'appelle le « parti de l'Ordre ». Ainsi, s'il juge sévèrement la Révolution française, conteste la monarchie de juillet, et se révolte contre le coup d'état de Napoléon III, c'est qu'au fond de son être, Tocqueville nourrit une défiance intégrale à l'égard de toute forme d'absolutisme ou de despotisme. Son œuvre entière et son agir politique témoignent de sa haine des mouvements révolutionnaires et de son rejet des agitations désordonnées des foules. On peut dès lors comprendre pourquoi il soutient la thèse dans *« L'Ancien Régime et la Révolution »* que les transformations obtenues grâce à la Révolution, auraient dû s'opérer sans elle, car sa conviction intime est basée sur le fait que la démocratie comme point de convergence naturelle des sociétés, aurait fini par s'imposer sans la Révolution. Celle-ci n'a fait que précipiter dans la violence ce qui était en train de s'imposer en douceur.

Cette critique peu indulgente, n'empêche pas Tocqueville d'accueillir le fait accompli de la Révolution et de défendre les résultats qu'elle a obtenus sur le plan de la liberté et de l'égalité. Ne pouvant pas refaire l'histoire, il s'agit désormais pour lui d'entériner cette étape et d'en défendre les acquis. La stabilité sociale, gage de paix, voilà un bien politique inestimable pour Tocqueville. On peut dès lors mieux comprendre pourquoi il a en haine les troubles violents des masses et comment il finit toujours par s'accorder avec tout nouveau régime même illégalement établi (comme ce fut le cas de la monarchie de juillet). En effet, il agit ainsi parce qu'il s'agit pour lui de défendre toujours à tout prix la stabilité, entendue comme cohésion sociale incompatible avec toute forme de violence. Tocqueville apparaît donc comme une âme profondément sensible à la violence en politique.

II. Une combattante acharnée

Le combat de l'intellectuelle que fut Hannah Arendt se déploya d'abord à travers ses écrits, pour prendre par la suite la forme d'un militantisme tous azimuts contre l'antisémitisme. Elle tenta donc par ses écrits non seulement de comprendre cette situation nouvelle dramatique qui s'amplifiait, mais aussi de raisonner une grande frange de la communauté intellectuelle qui se rangeait volontiers du côté du nazisme, et qui avait perdu tout esprit critique à son égard. En dehors des articles signés dans des journaux, il faut faire une mention spéciale à son livre consacré à Rahel Varnhagen (1771-1833), une brillante femme juive qui tint à Berlin un salon que fréquentaient beaucoup d'intellectuels de renom. Elle fut une figure du romantisme allemand, mais le prix qu'elle paya pour intégrer réellement la société allemande et devenir une citoyenne à part entière, fut sa conversion au christianisme et son changement de nom. Cependant quoique extérieurement et juridiquement devenue Allemande, elle demeura toujours une Juive pour les Allemands, révélant par là l'hypocrisie d'une société qui prétendait traiter les Juifs assimilés comme s'ils n'étaient pas Juifs. Cette situation la conduisit à une impasse qui en définitive fut salutaire pour elle, puisqu'elle dut assumer pour de bon son identité juive, en redevenir désormais fière, l'afficher ouvertement, et la revendiquer partout où cela était nécessaire. Les paroles de Rahel

Varnhagen mourante rapportées par Hannah Arendt, illustrent bien cet état d'âme: « Quelle histoire! - Moi, ici, je suis une réfugiée d'Egypte et de Palestine, et c'est chez vous que je trouve aide, affection et soins attentifs! [...] Ce qui fut pour moi, si longtemps dans ma vie, la honte extrême, la souffrance et le malheur les plus amers : être née Juive – désormais, je ne voudrais pour rien au monde y renoncer[28] ». Ce texte d'Arendt, au-delà de son apparence première de portrait d'une femme juive à l'époque du romantisme allemand, ou d'une projection autobiographique (Arendt se sentant proche d'elle par certains aspects de sa vie), se voulait un écrit intellectuel d'engagement politique. Le bien-fondé d'une telle démarche était, d'une part de dénoncer l'antisémitisme du nazisme, et d'autre part, de prendre conscience des nombreuses ambiguïtés que revêtait le discours sur l'assimilation des Juifs par le peuple allemand, et partant, de l'assimilation de toute minorité par une société dominante.

Dès l'été 1933, l'engagement politique d'Arendt devint plus expressif. Cependant, face à un antisémitisme de plus en plus virulent, décrit par Arendt lors de son entretien avec le journaliste Günter Gaus en 1964, qui en donne toute la teneur[29], la résistance intérieure par le sionisme politique finit par s'avérer inefficace. C'est ainsi que l'exil devint la seule porte de salut. Mais avant cet exil vers la France, Hannah Arendt eut le temps de s'illustrer concrètement dans l'action pour soutenir sa vision théorique de la politique en rompant définitivement avec l'apolitisme du cercle universitaire. Elle s'engagea aux

---

28 H. ARENDT, *RV*, p. 19.

29 H. Arendt, *TC*, pp. 236-237. Arendt décrit dans ces pages, l'implantation progressive du nazisme qui mettait tout le monde au pas. Même les amis ou les intellectuels qui en de pareilles circonstances, devaient être des bouées de sauvetage, se laissaient conditionner par les idées nazies.

côtés des sionistes et « elle mit son appartement de Opitzstrasse au service des ennemis du régime hitlérien, communistes pour la plupart, qui s'en servaient comme d'un gîte d'étape pour leur fuite. Aider les hommes politiques contraints de fuir satisfait son besoin d'agir, de résister, de proclamer son opposition au régime et à tous ceux qu'elle connaissait et qui d'une façon ou d'une autre collaboraient avec lui [30] ».

Elle accepta aussi d'être commise à la tâche de recenser secrètement dans la bibliothèque d'Etat prussienne des documents prouvant les propos antisémites qu'on avait peu de chance de voir paraître dans la presse officielle allemande. Les résultats de son travail devaient servir de matériau et d'arguments à la déclaration que les sionistes entendaient faire lors de leur dix-huitième Congrès prévu à Prague durant l'été 1933. Le message alarmant que les sionistes entendaient d'une part transmettre aux Juifs allemands et d'autre part révéler au monde entier se trouve résumé dans les résolutions de ce Congrès : « Jamais dans l'histoire du sionisme, l'analyse sioniste de la Question Juive ne s'est révélée si totalement juste, de façon aussi convaincante et aussi tragique. Ce qui se passe en Allemagne signe définitivement l'effondrement des illusions : la simple émancipation civile, ou même une assimilation délibérée, ne saurait être une solution à la Question Juive - ainsi s'effondrent toutes les tentatives pour nier la solidarité et le destin commun du peuple juif [31] ». Cette mission périlleuse finit par une arrestation et un emprisonnement qui dura huit jours. Arendt ne dut sa libération que grâce à des mensonges qu'elle sut savamment débiter, (car il ne fallait rien dévoiler de l'existence du groupe), et à la clémence du

30 E. YOUNG-BRUEHL, *op .cit.*, pp. 130-131.
34 Cf. Blumenfeld, *Erlebte Judenfrage,* cité par E. YOUNG-BRUEHL, *op. cit.*, p. 134.

policier en charge de son dossier. Cet événement précipita l'exil d'Arendt avec sa mère, exil dont la décision avait été prise depuis un certain temps déjà, puisque la philosophe n'avait plus « l'intention de circuler en Allemagne en qualité pour ainsi dire de citoyen de seconde zone ou de quelque autre manière que ce fût [32] ». Elles quittèrent l'Allemagne à pieds et regagnèrent d'abord Prague, d'où elles partirent ensuite pour Genève. Là elles firent un séjour plus long où Hannah Arendt trouva un travail temporaire de secrétaire dans le Bureau International du Travail. Elle s'acquitta si bien de son travail qu'elle força l'admiration de beaucoup de personnes, mais son désir n'était pas de résider à Genève où elle serait bien tranquille dans le confort et la sécurité, mais de gagner Paris afin de rejoindre les nombreux sionistes qui s'y étaient exilés. Il faut lire dans ce désir, une volonté d'être solidaire avec « son peuple » et de prolonger son engagement politique, entrepris depuis l'Allemagne auprès des sionistes, dans un endroit où son combat pouvait continuer d'être efficace.

Hannah Arendt arriva à Paris à l'automne 1933. Elle y retrouva son premier mari Günther Stern, un Juif qu'elle avait épousé en septembre 1929 qui l'y avait devancé parce que leur foyer battait de l'aile, mais aussi parce que son engagement politique à gauche, le rendait plus vulnérable et plus exposé aux rafles de la Gestapo. Là, « ils vécurent ensemble, fréquentaient leurs amis communs et partageaient les mêmes occupations mais sans jamais rétablir leurs anciennes relations conjugales [...]. Ils ne se séparèrent finalement que lors du départ de Stern pour New York en juin 1936, mais leurs rapports conjugaux (ehelicher Verkhehr) avaient cessé dès 1933, comme en témoigne leur acte de divorce en 1937 [33] ».

---

32 H. ARENDT, *TC.*, p. 227.
33 E. YOUNG-BRUEHL., *op. cit.*, p. 147.

Le séjour parisien de Hannah Arendt se passa dans la continuité de son engagement entrepris depuis l'Allemagne. Elle obtint pour cela un travail de secrétaire à « Agriculture et Artisanat », un organisme qui offrait aux jeunes Juifs émigrés une formation technique dans les deux domaines qui composent le nom de l'organisme, pour les préparer à leur vie future de retour en Palestine. Pendant ce temps, elle en profita pour apprendre la langue yiddish qu'elle ne comprenait pas encore, ce qui provoquait d'ailleurs chez elle un certain malaise, car disait-elle : « Je veux comprendre mon peuple[34] ». Après ce premier travail Hannah Arendt est engagée par la baronne Germaine de Rothschild comme secrétaire particulière pour administrer ses œuvres de bienfaisance. Là, bien qu'elle apprécia la baronne pour ses qualités personnelles, elle ne pouvait guère donner sa caution au poids et à l'influence de la famille Rothschild sur le Consistoire de Paris, une organisation qui gérait de nombreuses œuvres caritatives pour les Juifs et dont les dirigeants essayaient de décourager systématiquement les Juifs d'adhérer ou d'apporter un soutien public à des mouvements politiques. La philosophe qui était une militante du sionisme, se trouva ainsi en contradiction avec la philosophie de l'organisation dont elle était la secrétaire. En effet, « le Consistoire s'opposait à toutes les actions auxquelles Hannah Arendt prenait part : tentatives de boycott des produits allemands, efforts de la Ligue Internationale contre l'Antisémitisme pour faire connaître les lois et les menées antisémites en Allemagne, et manifestations (en 1936) de soutien à David Frankfurter, un jeune Juif qui avait assassiné le chef du parti nazi en Suisse[35] ». Hannah Arendt quitta sa charge de secrétaire du Consistoire pour rejoindre l'« *Aliyah* » des jeunes. Le terme hébreu

34 *Ibid.*, p. 152.
35 *Ibid.*, p. 155.

« alliyah » signifie ascension ou élévation spirituelle, mais désigne dans ce contexte, l'acte d'immigration en terre sainte. En plus de ce souci premier à l'*« Aliyah »* des jeunes, Arendt s'occupait aussi de l'accompagnement psychologique des enfants juifs qui souffraient de graves complexes psychologiques liés à l'antisémitisme ambiant. Cette nouvelle fonction à l'*« Aliyah »* lui donna l'occasion de voyager en Palestine pour y accompagner un groupe de jeunes. Elle eut ainsi l'opportunité d'assouvir un vieux désir ancré en elle : celui de voir « le refuge de son peuple [36] ».

De retour de Palestine, et forte de l'expérience qu'elle avait vécue sur le terrain, elle continua de manière acharnée à travailler aux côtés des sionistes, quoiqu'elle fût déjà critique sur l'organisation sociale juive qui avait institué une certaine aristocratie au sein de la population. Telle n'était pas sa conception du sionisme qu'elle défendait. En effet, « son sionisme se fondait sur des raisons politiques et pratiques – elle savait qu'il fallait à son peuple une terre pour vivre – et non sur des raisons religieuses ou culturelles. Ainsi, si elle accueillait avec enthousiasme les possibilités sociales et politiques que la Palestine offrait aux colons juifs, elle n'acceptait pas ce qu'elle appellera plus tard le « sionisme palestino-centrique[37] ». Que les Juifs apatrides puissent enfin trouver une terre où ils pourraient se sentir désormais libres et pleinement citoyens au même titre que les autres hommes habitant la planète terre, était un noble combat à mener et à gagner. Mais réduire le sionisme à cette seule perspective, relevait pour elle d'une vision très réductrice. En dehors de l'assimilation et de l'*« Aliyah »*, il existait une troisième voie que Hannah Arendt défendait, parce qu'elle lui semblait la plus politique : celle d'être citoyenne à part

36 *Ibid.*, p. 178.
37 *Ibid.*, p. 179.

entière d'un pays tout en gardant son identité singulière juive. C'est ainsi qu'en se basant sur sa vision politique du sionisme, elle tenta de dissuader tous les Juifs qui revendiquaient ou qui travaillaient pour une politique de l'assimilation, car pour elle, il s'agissait là d'une politique qui desservait leur cause. En effet, l'antisémitisme européen en général, et par conséquent celui de la France, était tel que l'assimilation ne pouvait être qu'une duperie : un Juif demeurera toujours un Juif pour les autres de la société d'accueil. De plus, l'expérience personnelle d'Arendt, associée à sa connaissance des Lumières du XVIII siècle, l'avait convaincue que toute tentative d'assimilation provoquait toujours une disparition du Juif en tant que tel, et au mieux un clivage entre Juifs, donnant lieu à l'existence de deux groupes distincts: « les parvenus » et « les parias ». Pour Arendt, seuls les « parias » pouvaient accéder à une vraie conscience politique en tant que Juifs, et chercher des solutions politiques pour résoudre la question de l'identité juive. « Les parvenus » étaient souvent prompts à rechercher le compromis politique quitte à galvauder certains acquis ou certains droits. Leur attitude avait officiellement pour but de préserver le statut politique du Juif si précaire soit-il car pensaient-ils, l'intégration ou l'assimilation ne pouvait se réaliser qu'au prix de la négation de l'affirmation identitaire, afin de se confondre, voire se dissoudre dans la masse anonyme des citoyens. Il faut aussi noter que ces « parvenus », généralement aisés, avaient des biens à protéger, et qu'au-delà du discours politique au profit de l'assimilation, gage de cohésion et de paix sociale, il y avait des calculs mesquins d'intérêts à sauvegarder.

Notre philosophe avait hérité des concepts de « parias » et de « parvenus », de Kurt Blumenfeld, qui lui-même, les avait reçus de Bernard Lazare. Ce dernier était un journaliste français qui prit beaucoup de risques pour défendre seul Alfred Dreyfus (1859-1935), cet officier français d'origine alsacienne qui fut accusé à tort d'espionnage et de haute trahison au profit de l'Allemagne. Face à cette erreur judiciaire grave mais qui servait la cause des antisémites français, les dirigeants juifs avaient adopté un profil bas, n'osant pas se mettre au devant du combat pour la justice. Bernard Lazare « désavoua ces dirigeants Juifs, même les sionistes parce qu'ils cherchaient à diriger les masses juives comme si c'étaient des enfants [38] ». Vivant dans un tel climat, elle s'appropria bien ces deux concepts, et cela lui permettra après la guerre de faire une distinction entre le domaine social (patrie des parvenus) et le domaine politique (patrie des parias). Pour elle, seuls les derniers sont capables d'un renouveau révolutionnaire. Elle en arriva à cette conclusion, car elle s'était laissée gagner par des idées révolutionnaires de gauche en fréquentant un cercle d'amis marxistes (dont faisait partie Walter Benjamin), sans elle-même adhérer à l'idéologie en tant que telle. C'est dans ce contexte qu'elle rencontra en 1936 Heinrich Friedrich Ernst Blücher un communiste allemand qui avait fui son pays pour échapper à la répression nazie aussi sévère pour les communistes que pour les Juifs. Celui-ci deviendra plus tard son deuxième époux.

Cet homme autodidacte était très cultivé : il avait une culture politique très éclectique et élevée qui faisait de lui une référence dans le cercle des intellectuels Juifs et Allemands exilés à Paris. Hannah Arendt et son mari Blücher partageront ensemble leur passion commune des discussions. Ainsi, si avec Blumenfeld, Arendt fut sensibilisée à la question juive, c'est Blücher qui l'aida à approfondir ses premières connaissances sur le marxisme, et qui l'initia à la « praxis révolutionnaire ». Arendt reconnaît et

38 H. ARENDT, Introduction à *Job's Dungheap* (*Le fumier de Job*) de Bernard LAZARE, New York, Schocken Books, 1948.

apprécie volontiers ce rôle de professeur qu'il joua auprès d'elle *:* il lui apprit à penser politiquement et à avoir un regard d'historienne sur les événements[39]. En effet, la contribution de Blücher dans la philosophie politique que Hannah Arendt développera après la guerre est très considérable et rejaillit dans plusieurs de ses ouvrages : « *Les origines du totalitarisme, Condition de l'homme moderne, La crise de la culture, l'Essai sur la révolution, Du mensonge à la violence*[40] ». De plus, Hannah Arendt trouvera une source d'inspiration dans l'expérience de son mari en tant que militant activiste du parti communiste allemand. Cette expérience fut d'une part nourrie par les idées de Rosa Luxembourg, une Juive allemande révolutionnaire, et d'autre part par les succès et les échecs des actions révolutionnaires du parti communiste. Les convictions qu'elle tirera de l'analyse des conseils révolutionnaires, sont qu'ils ne peuvent être authentiques et efficaces que s'ils sont spontanés et non téléguidés de l'extérieur par un parti, par des dirigeants ou par un Etat parrain[41]. Les bienfaits de ces riches échanges intellectuels nombreux au sein du couple, formes de culture démocratique en miniature, ne furent pas à sens unique. Ainsi, Blücher qui était un grand lecteur des idéologues canoniques du marxisme tels Rosa Luxembourg, Trotsky et Boukharine, abandonnera progressivement sa vision politique du communiste doctrinaire, pour en devenir un des critiques les plus mordants[42].

Sa lutte contre l'antisémitisme se poursuivit à travers sa vie quotidienne à Paris. Depuis l'affaire Dreyfus, le vent de l'antisémitisme français soufflait de plus en plus fort, et

---

39 Cf. Lettre du 29/01/946, *Hannah Arendt/Karl Jaspers, op.cit.*, p. 70.

40 E. YOUNG-BRUEHL, *op. cit.*, p. 160.

41 *Ibid.*, p. 165.

42 *Ibid.*, p. 160.

quoique différent de l'antisémitisme radical de l'Allemagne, il n'était pas moins hostile aux Juifs qu'on chargeait de tous les maux. L'Action Française, un groupe fasciste français en était le chantre. Dans cette ambiance d'hostilité aux Juifs, Hannah Arendt commença à recenser des idées, des réflexions, des faits divers antisémites apparaissant çà ou là, et elle les utilisait dans ses différentes conférences. « Elle eut à plusieurs reprises à prendre la parole sur l'histoire de l'antisémitisme en Allemagne pour la branche allemande en exil de l'Organisation internationale des femmes sionistes (W.I.Z.O.) […] Ces discussions et ces conférences nourriront le premier article substantiel qu'elle publiera aux Etats Unis : ‘‘De l'affaire Dreyfus à la France contemporaine’’[43] ».

Le 7 novembre 1938, eut lieu à Paris l'assassinat par un Juif appelé Herschel Grynszpan, du troisième conseiller de l'ambassadeur d'Allemagne à Paris. Le 9 novembre, en réaction à cet acte, il y eut dans toutes les grandes villes allemandes la terrible nuit de Cristal lors de laquelle la police nazie procéda à des pogroms : destruction de synagogues, de vitrines et de maisons appartenant à des Juifs, agressions contre des personnes identifiées comme juives etc. En France, cela eut pour effet d'accroître la haine des Juifs déjà existante dans certains groupes radicaux, haine partagée par un certain nombre de personnes. Il était facile de constater que ce pays nourrissait autant de sentiments anti-allemands que d'antisémitisme. Quand la seconde guerre éclata en 1939, Blücher et Arendt ainsi que tous les réfugiés Juifs furent envoyés dans des camps d'internement ou de « prestataires » où le travail servait à soutenir l'effort de guerre français. On s'imagine facilement la dureté de vie que devaient mener ces internés dans ces camps français. Mais ces souffrances

43 *Ibid.*, p. 184.

vécues furent insignifiantes par rapport au cauchemar des camps de concentration nazis dans lesquels plusieurs millions de Juifs furent décimés. Leur condition de vie décrite par Arendt, exprime clairement le drame vécu. Pour ces victimes, précise Arendt, « l'enfer n'est plus une croyance religieuse ni un délire de l'imagination, mais quelque chose de tout aussi réel que les maisons les pierres et les arbres qui nous entourent. [...] [Ils étaient devenus] un nouveau type d'êtres humains - ceux qui ont été envoyés dans des camps de concentration par leurs ennemis et dans des camps d'internement par leurs amis[44] ». La France étant devenue une terre tout aussi hostile que l'Allemagne, la survie de tout Juif dépendait de l'émigration devenue incessante pour beaucoup d'entre eux. C'est ainsi que Blücher et Arendt ayant pu s'échapper des camps, et après avoir divorcé de leurs premiers mariages respectifs, se marièrent le 16 janvier 1940. Désormais en tant qu'époux, ils obtinrent non sans moult difficultés et péripéties, des visas pour émigrer aux Etats-Unis où ils arrivèrent en mai 1941, après avoir transité par le Portugal. Aux Etats-Unis, loin de l'enfer européen, une nouvelle vie, celle de la liberté retrouvée pouvait commencer : vie pleine d'espoir mais aussi chargée d'interrogations diverses.

III. Une pensée philosophique à l'intersection de la sociologie, de l'histoire et du journalisme

Le style d'écriture adopté par Tocqueville et Arendt est empreint de la méthode sociologique. Ils situent ainsi leur pensée à l'intersection de la philosophie et de la sociologie, et permettent de ce fait que leurs textes soient exploités aussi bien par les philosophes que par les sociologues. En effet partant de l'interprétation des textes

44 H. ARENDT, *T.C.*, pp. 59-60.

tocquevilliens ou arendtiens, des philosophes ou des sociologues en arrivent à considérer l'un ou l'autre de ces deux auteurs sous l'angle exclusif de leurs disciplines respectives, en ignorant la possibilité de leur usage dans d'autres domaines. La connotation sociologique de ces deux auteurs que nous abordons sous l'angle philosophique est à mettre au compte de leur souci pour l'analyse des problèmes sociaux de leurs époques, marqués par le politique et l'économique. *« De la démocratie en Amérique »*, par exemple, grande œuvre majeure de Tocqueville, tout en étant une pensée de la théorie politique, passe en revue les aspects sociologiques de la vie des Américains, de même que leur organisation économique bâtie sur le libéralisme que le concept d'égalité entre les citoyens permet de mettre en pratique. Par ailleurs, à travers d'autres textes, il s'intéresse également à d'autres sociétés et à leurs modes de fonctionnement. A cet effet, nous citons volontiers Pierre Birnbaum, qui, analysant la sociologie de Tocqueville, dit ceci : « Préoccupé par dessus tout d'analyses concrètes, il fait partie des sociologues modernes, tant sa recherche de données précises, son utilisation de recueils statistiques, son extrême intérêt pour des sociétés très différentes les unes des autres, l'américaine et l'algérienne, la britannique et l'indienne, révèlent un esprit attentif à la diversité. Cette hétérogénéité ne peut s'expliquer, selon lui, en dernier ressort que par l'action de l'homme, maître de son destin[45] ».

Pour ce qui concerne Hannah Arendt, il va sans dire que certaines de ses œuvres ont une envergure sociologique, dans lesquelles elle analyse les réalités de la vie contemporaine, marquée par le progrès économique et scientifique et s'accompagnant de certains bouleversements sociaux qui leur sont inhérents. Parmi ces œuvres,

45 P. BIRNBAUM, *Sociologie de Tocqueville*, Paris, PUF, 1970, p. 17.

nous pouvons citer entre autres*, « La condition de l'homme moderne », « La crise de la culture».* Dans *« La condition de l'homme moderne »* par exemple, Arendt fait le constat à l'époque moderne de la confusion entre vie privée et vie publique, entre production économique et action. Cette confusion qui réduit la vie politique à la question du travail et de la consommation, ravale l'homme à son niveau animal. C'est pourquoi il est impérieux d'établir une distinction entre les trois donnés qui fondent sociologiquement l'homme, c'est-à-dire le travail, l'œuvre et l'action. Si l'homme partage le premier donné avec l'animal en ce sens qu'il est soumis aux mêmes exigences naturelles que lui par la production et la consommation, il se distingue de lui par l'œuvre et l'action qui lui sont propres. Par l'œuvre, il implique sa pensée et crée des objets qui constituent un monde durable ; par l'action, il manifeste pleinement le monde humain des relations, l'espace public nécessaire à toute démocratie. Dans un tel contexte poursuit Arendt, il ne reste plus en tant qu'hommes que « de penser ce que nous faisons [46] ».

Nous ne saurions passer sous silence l'intérêt commun pour les investigations d'ordre historique que partagent certains textes de Tocqueville et de Hannah Arendt. *Les « origines du totalitarisme »* par exemple, est une œuvre qui se présente comme une entreprise dont l'effort consiste à synthétiser la spécificité des puissances coloniales et des différents systèmes totalitaires exprimés dans le nazisme, le fascisme et le stalinisme. Mais elle ne demeure pas moins une analyse de faits historiques ayant conduit à ces situations. Arendt elle-même affirme dès l'introduction de son livre (« *Les origines du totalitarisme. Le système totalitaire »*), que l'intention et l'intérêt qui président à sa démarche, sont ceux d'une historienne et

46 H. ARENDT, *CHM*, p. 38.

d'une spécialiste des sciences politiques : « Pour la première fois, le moment semblait venu de considérer les événements contemporains avec le regard rétrospectif de l'historien et le zèle analytique du spécialiste de sciences politiques[47] ».

Ces mêmes propos auraient pu être ceux que Tocqueville tiendrait pour justifier l'écriture de *« L'Ancien Régime et la Révolution »*. En effet, relisant rétrospectivement les événements douloureux de la Révolution, les mêmes questions que se posaient Arendt et ses contemporains face aux événements de la seconde guerre mondiale et ses conséquences, auraient pu être reprises entièrement par Tocqueville méditant la Révolution française et ses effets collatéraux. Pour tous deux, il s'agit moins de donner une lecture chronologique des faits, que de comprendre ce qui s'est passé. C'est donc la question du sens des faits historiques vécus qu'on ordonne, qui demeure ici l'enjeu majeur. C'est d'ailleurs ce que Tocqueville s'empresse de préciser d'entrée de jeu dès l'avant-propos de son livre : « Le livre que je publie en ce moment n'est point une histoire de la Révolution, histoire qui a été faite avec trop d'éclat pour que je songe à le refaire ; c'est une étude sur cette Révolution[48] ».

Deux derniers parallèles à établir entre Tocqueville et Arendt, se trouvent dans leur genre littéraire qui en dehors de l'étude systématique sur des thèmes de philosophie politique, use volontiers de la correspondance et de l'écrit journalistique. Sur les dix-huit tomes que comptent les œuvres complètes d'Alexis de Tocqueville, douze sont consacrés à ses correspondances[49]. Et pour rendre compte de la correspondance diverse et variée de

47 H. ARENDT, *ST,* p. 7.

48 TOCQUEVILLE, *AR*, Paris, Flammarion, 1988, p. 87.

49 Cf. *Les œuvres complètes* d'Alexis de Tocqueville, Paris, Gallimard, (édition commencée en 1951).

Hannah Arendt, cinq livres ont été écrits[50]. De plus, leurs engagements politiques respectifs, ou mieux leurs combats pour la démocratie, ont trouvé dans le journal la tribune appropriée pour les débats d'idées. On peut alors comprendre que tous deux, à des degrés divers, aient prêté leur plume à des journaux ou revues, où ils ont apporté d'appréciables contributions. Tocqueville a créé un journal intitulé *« Le Commerce »* qui a failli le ruiner, mais il était convaincu de l'importance de la presse libre pour défendre « la liberté politique et l'égalité devant la loi »[51]. Pour Tocqueville, le journal est une forme d'association, et les associations constituent en effet pour lui ce qui en démocratie permet de lutter pour défendre et préserver les différents droits, et de freiner les tendances centralisatrices de l'Etat. De nos jours, les différentes organisations de la société civile seraient un prolongement et une actualisation des associations dont Tocqueville reconnaissait l'importance en démocratie. En effet, le XX^è^ siècle, de même que le XXI^è^, sont marqués par des actions des ONG (Organisations Non Gouvernementales) et des multiples autres associations nationales ou supranationales. Elles constituent des contrepouvoirs réels, régulant la vie politique et permettant d'engranger d'innombrables victoires, parfois à l'issue d'âpres luttes, au profit des peuples et de l'humanité en général. A travers le monde entier, l'histoire contemporaine de la vie politique est rythmée ici et là par l'action déterminante des ONG et de la société civile. Pour exemple, la Révolution burkinabè qui s'est produite en fin octobre 2014, a montré le rôle primordial accompli par les

---

50 Arendt a entretenu une riche correspondance avec cinq personnes : Mary MacCarty, Karl Jaspers, Heinrich Blücher, Kurt Blümenfeld, Martin Heidegger. La correspondance avec chacune de ces personnes constitue un livre traduit en français que nous mentionnons dans la bibliographie générale.

51 Cf. Editorial du 24 juillet 1844, cité par A. JARDIN, *Alexis de Tocqueville*, Paris, Hachette, 1984, p. 372.

différentes organisations de la société civile. Leur engagement a été très déterminant pour l'éveil de la conscience des citoyens sur des situations politiques injustes, mais il a aussi constitué le fer de lance pour l'insurrection ultime.

En effet, se situant en dehors des querelles d'intérêt et de leadership des partis politiques, la société civile et les associations jouent un rôle à la fois de guetteur et de baromètre pour la démocratie. C'est de ce point de vue, qu'il importe de noter qu'elles font partie aujourd'hui des instruments qui régulent la vie démocratique. Plus elles sont fortes dans un pays, plus elles évitent à ce dernier d'aller à la dérive, en piétinant les droits des citoyens.

Dans la conception de Tocqueville, le journal jouant ce même rôle que les associations, constituerait en définitive une forme d'association très subtile. Peut-être devrions-nous comprendre par là pourquoi la liberté de la presse est révélatrice du bien-être de la démocratie. « Le journal représente l'association, écrit Tocqueville ; l'on peut dire qu'il parle à chacun de ses lecteurs au nom de tous les autres, et il les entraîne d'autant plus aisément qu'ils sont individuellement plus faibles. L'empire des journaux doit donc croître à mesure que les hommes s'égalisent[52] ». Tocqueville fera usage de ce pouvoir que représente le journal lors du coup d'Etat de Napoléon III. Grand défenseur de la légalité devant l'arbitraire, il n'hésita pas à manifester sa réprobation dans le journal anglais, le *''Times''*. « Tocqueville dénonce ce crime dans une longue lettre qu'il fait passer [...] au directeur du Times, en lui demandant de bien vouloir la publier en préservant, pour des raisons de sécurité, son anonymat[53] ».

---

52 TOCQUEVILLE, *OC*. II, II, 6, p. 629.
53 J-L. BENOÎT, *Un destin paradoxal, op.cit*. p. 329.

Quant à Arendt, elle publia pendant plusieurs années de très nombreux articles dans l' *« Aufbau*[54] *»*, un Journal engagé pour la cause des Juifs. On se souvient aussi que c'est en tant que reporter du *« New Yorker »* qu'elle assista au procès de Eichmann à Jérusalem.

Ces différents écrits, associés aux nombreux discours de Tocqueville et aux conférences et cours d'Arendt prolongent, précisent, complètent et enrichissent leurs exposés plus systématiques et magistraux. Tout cela témoigne de la richesse de leur immense œuvre au contenu très éclectique dont certains aspects peuvent paraître se contredire si on tient compte de cette immensité de l'œuvre et non du contexte précis qui a motivé tel ou tel écrit ou argument.

* *
*

C'est une preuve de grande générosité que de s'engager en politique, soit sur le plan des idées, soit sur celui de l'action, pourvu que cela soit guidé par le souci de défendre ou de préserver le bien commun. C'est l'exemple que nous laissent Alexis de Tocqueville et Hannah Arendt.

54 Dès 1941, et ce, jusque dans les années 70, Arendt écrira des dizaines d'articles dans ce journal.

CHAPITRE III
L'APPEL DE L'AMÉRIQUE

L'expérience démocratique américaine se présente autant pour Tocqueville que pour Arendt comme un paradigme qui interpelle et qui donne à penser. Vivre cette expérience de l'intérieur a constitué pour eux une source féconde pour la pensée et pour l'action.

I. L'Amérique terre d'accueil et source d'inspiration

L'aperçu biographique sur les deux auteurs nous a montré des points de convergence, notamment concernant le lien entre le destin familial et la politique. Retenons pour l'essentiel que l'appel à l'action et à la pensée politiques semble s'être imposé à eux du fait de l'implication de leurs familles respectives bon gré mal gré dans les affaires politiques. Nés à des époques d'emballement politique et dans des contextes familiaux politisés par choix ou par nécessité, l'un et l'autre se sont naturellement retrouvés au milieu du tourbillon de la politique qui les obligea à agir et prendre position.

Au delà de cette considération, ce qui les réunit davantage, c'est l'Amérique qui se présente pour les deux comme terre d'accueil et source d'inspiration. Ce pays apparaît comme un terreau fournisseur des matériaux pour penser la démocratie, afin d'en connaître les mécanismes et d'en appréhender les forces et les faiblesses. La première grande œuvre qui révéla Tocqueville au public est, nous le savons, la première « *De la démocratie en Amérique* », œuvre dans laquelle il passe au peigne fin les structures économiques, sociales, géographiques des Etats-Unis, sans oublier de mettre en lumière les us et coutumes des différents peuples qui les composent. Dans le fond, cette étude vise pour lui un objectif ultime qui est de cerner le système politique américain qui, à ses yeux, se présentait comme le modèle le plus acceptable en comparaison avec les modèles en cours dans le vieux continent européen. Cette analyse de la démocratie américaine introduit toute la nouveauté de la démarche tocquevillienne et marque une différence par rapport aux théories politiques antérieures éthérées, parce que Tocqueville qui a accepté l'ordre démocratique, raisonne à partir de lui : « Tocqueville, le premier, grâce à son expérience américaine, raisonne non seulement à partir de l'ordre démocratique, mais de l'intérieur de ce nouvel ordre, qu'il accepte comme un donné irréversible[55] ».

Pour Arendt, les choses se passent un peu différemment, mais c'est en Amérique, nouvelle terre d'accueil, que notre philosophe pensa et mit au point l'essentiel de l'écriture de sa pensée politique. Si Arendt, comme nous l'avons constaté, avait depuis l'Allemagne et la France commencé à écrire, c'est surtout aux Etats-Unis que toute sa théorie politique fut explicitée. En effet, ce pays ne fut pas seulement pour elle une simple terre d'accueil, mais celui dont l'expérience politique constitua pour elle une source d'inspiration. Les pérégrinations des Juifs à travers l'Europe à cause des choix politiques des nations qui leur étaient hostiles, et celles qu'ont connues tout particulièrement Arendt et sa famille, ne trouvèrent un terme qu'en Amérique. C'est le seul endroit où elle cessait d'être un apatride et où elle pouvait devenir une citoyenne à part entière. Cela lui était possible, non selon un critère d'appartenance supposée ou réelle à une communauté homogène de citoyens de l'Etat-Nation, mais selon l'unique choix libre d'adhérer au projet politique exprimé par la Constitution républicaine. C'est ce qu'elle-même affirme en reconnaissant que ce qui détermina son choix de

55 A. ANTOINE, *op.cit.*, p. 12.

l'Amérique, « fut la liberté d'opter pour une citoyenneté sans avoir à payer le prix par l'assimilation[56] ». Dès lors sa pensée politique pouvait trouver là un ancrage ou une référence, non pas dans le sens où la démocratie américaine constituait un idéal archétypal du terme, mais dans le sens d'un modèle qui reprenait d'une certaine manière à son compte, l'expérience démocratique des Grecs. Son engagement politique intense en Europe pouvait désormais faire place à la pensée et à la théorie, parce que les raisons qui justifiaient son action étaient devenues caduques en Amérique. Ainsi, libre de tout engagement politique militant, elle put redéployer ses énergies dans la pensée. Tout se passe comme si la démocratie américaine devenait un paradigme de pensée pour ce que cette démocratie est en tant que telle, mais aussi pour ce qu'elle permet à partir d'elle de penser la démocratie en général. C'est d'ailleurs le même processus qui se produisit chez Tocqueville, mais de manière inversée. Son combat et son engagement politiques furent inspirés de son expérience en Amérique, et toute sa pensée fut comme un déploiement de cette expérience. Dans cette optique, pour les deux philosophes, la démocratie américaine apparaît comme quelque chose qui interpelle et qui se donne à penser.

II. La démocratie moderne à l'aune de la Révolution américaine

D'entrée de jeu, on peut être tenté de se laisser guider par le sentiment que nos deux auteurs opposent la Révolution française sanguinaire à la Révolution américaine démocratique. Cependant, même s'il apparaît dans les analyses de Tocqueville et d'Arendt, que la Révolution française a échoué dans sa volonté de fonder une ère de

---

56 « Le grand jeu du monde », in *Esprit*, n°6, juin 1985, p. 178.

démocratie, compte tenu de l'usage abusif de la violence comme instrument et argument politiques, ils se refusent à l'opposer de manière frontale à la Révolution américaine par rapport à laquelle elle serait en quelque sorte l'anti-modèle. Une appréciation positive émane de leurs plumes sur la Révolution américaine, parce qu'à l'époque moderne elle représente l'expérience de référence en matière de démocratie. Mais cela ne les empêche pas de mener une analyse critique afin de débusquer quelques insuffisances et failles qui caractérisent cette Révolution, et partant, la démocratie moderne dans son ensemble. Bien que le nombre de leurs critiques soit multiple et varié, on pourrait retenir en résumé une trame unique de fond qu'est la question de l'égalité de laquelle elles émanent.

En effet dans l'Ancien Régime, les relations humaines hiérarchisées constituaient la charpente de la société avec ce que cela entraîne comme conséquences sur le plan économique social et politique. Dans la société démocratique, ce qui caractérise l'homme démocratique est l'égalité sociale qui institue des relations interpersonnelles horizontales. Cette égalité sociale est en soi une bonne chose parce qu'elle est la condition *sine qua non* de toute démocratie, mais sa mise en pratique ne se fait pas sans difficultés dommageables pour la démocratie elle-même.

Pour Tocqueville, deux choses principales caractérisent ce nivellement social vécu en Amérique. C'est d'abord, l'exercice à l'excès de la liberté individuelle ou si l'on veut, l'esprit individualiste qui détourne le citoyen du souci communautaire. C'est ensuite, la course au bien-être matériel qui favorise un certain égoïsme et éloigne le citoyen de l'intérêt pour la *« res publica »,* la chose publique. Comme nous le constatons, toutes ces deux lacunes conduisent au même résultat : le repli sur soi au détriment de l'engagement politique. Cela entraîne un effet boomerang qui retombe sur la démocratie à contresens de ses propres valeurs et principes. En définitive, cette réalité de la course effrénée aux biens matériels qui a retenu l'attention de Tocqueville, comme caractéristique saillante de la société démocratique a aussi interpellé Hannah Arendt qui en parle sous le concept de l' *« homo laborans »* comme ce qui détermine le plus « La condition de l'homme moderne[57] ». Elle y dénonce le fait que l'homme des sociétés modernes accorde plus d'importance au travail dont relève sa situation économique, plutôt qu'à l'œuvre et à l'action qui sont les réalités de loin les plus pérennes et les plus importantes de la vie humaine.

L'individualisme qui marque profondément la société américaine dans son ensemble est une des conséquences directes de l'égalité sociale et politique. En effet grâce à ce donné, tout citoyen est l'égal d'un autre, il est indépendant et souverain. Son statut est semblable, à quelques considérations près, à celui du citoyen d'Athènes qui se retrouvait à l'Agora avec des pairs pour débattre entre égaux des affaires relevant de la cité. Il se situe aux antipodes de l'homme des sociétés aristocratiques dont le statut social était prédéfini avant sa naissance et qui l'accompagnait toute sa vie en faisant de lui un élément d'une classe donnée. Ainsi, de génération en génération, et aussi longtemps que cette société demeurait, par l'héritage sanguin reçu séculairement de sa famille, on devenait à vie membre d'une strate de la société qu'on ne quittait plus jamais.

A l'intérieur de chaque ordre de la société, se formaient instinctivement des relations de fraternité entre les différents membres. Il s'agissait d'une sorte de communauté (dans la grande communauté de la nation) qui établissait avec les autres composantes de la société un réseau de dépendances et d'obligations à travers des liens

57 Titre d'un livre de Hannah ARENDT.

de sujétion. Une telle société bien que stratifiée et inégalitaire permettait non seulement l'existence de groupes à l'intérieur desquels on pouvait fraterniser, s'entraider et se porter secours, mais aussi la mise en place d'une chaîne de liens entre les différents groupes. Les hommes étaient, quelle que soit leur situation, reliés entre eux. Tocqueville peut de ce fait écrire que « l'aristocratie avait fait de tous les citoyens une longue chaîne qui remontait du paysan au roi ; la démocratie brise la chaîne et met chaque anneau à part [58] ». Cependant, malgré ce système social qui portait les hommes à être en rapport les uns avec les autres et à se rendre service, on ne reconnaissait pas forcément en autrui un semblable. La dignité humaine s'appréciait en fonction du rang social.

Les civilisations grecque et romaine qui furent lumineuses dans plusieurs de leurs aspects, reconnaissaient une égalité juridique et une égale dignité de tous les citoyens. Mais tous les non citoyens étaient considérés comme faisant partie d'une espèce humaine inférieure. Il convenait chez les Romains d'infliger aux ennemis et aux esclaves des traitements barbares et de les livrer aux bêtes en guise de spectacle par exemple. Mais l'idée qu'un citoyen Romain puisse subir le même sort était inadmissible, insoutenable et scandaleuse. Il était inconcevable que l'humanité en le citoyen puisse souffrir d'un traitement inhumain, digne des sous-hommes. De même dans l'Ancien Régime, un noble était convaincu d'avoir une humanité supérieure à celle du serf. C'est ainsi que les mêmes considérations qu'avaient les Romains à l'égard des autres, pouvaient se vérifier chez les Aristocrates par rapport aux hommes de rang inférieur. Chez les uns comme chez les autres, on ignorait l'égale dignité de tous

58 TOCQUEVILLE, *DA*. I, Vrin, 1990, note d, p. 7.

les êtres humains, étape qui ne sera atteinte que chez les peuples démocratiques.

Cependant, la nouvelle donne paradoxale qui prévaut dans les sociétés démocratiques est la suivante : bien qu'elles aient fait des progrès en reconnaissant l'égalité entre les hommes, elles établissent, à leur corps défendant, un isolement des individus les uns des autres parce que justement elles les définissent comme égaux, et leur confèrent une liberté exempte de toute idée de sujétion. La vieille chaîne des lignées familiales s'estompe en entraînant l'isolement des générations. Seules subsistent des liens entre les membres restreints d'une même famille, laquelle famille n'est plus élément d'une vaste entité regroupant d'autres familles, mais est devenue autonome, indépendante et menant une vie nucléaire englobant uniquement les géniteurs et leurs progénitures. De même, l'importance sociale des familles qui n'est plus établie pour de bon, se construit et se déconstruit au gré des fluctuations et changements incessants liés aux aléas de l'histoire. « Chez les peuples démocratiques, de nouvelles familles sortent sans cesse du néant, d'autres y retombent sans cesse, et toutes celles qui demeurent changent de face[59] ».

Tout se passe comme si chaque homme devenait le centre d'un monde privé qui englobe les membres restreints de sa famille et ses relations proches. Chaque individu apprend à vivre de manière isolée, c'est-à-dire à se suffire à lui-même, au point que le sentiment qui prévaut chez tous les citoyens, est celui de ne rien devoir à personne et de ne rien attendre de personne. Ce sentiment conduit à un isolement du citoyen par rapport aux autres, faisant de lui une sorte de monade tournée vers lui-même, et n'ayant que peu de commerce avec autrui.

---

59 TOCQUEVILLE, *DA*, (*OC*), II, II, 2, Gallimard, 1992, p. 613.

De plus, sur le plan des mentalités, cet individualisme consiste pour l'homme démocratique à rejeter tout ce qui ne subit pas l'épreuve de la vérification personnelle, tout ce qui n'est pas le résultat d'une délibération personnelle. Cet état d'esprit de l'homme moderne aurait ses racines profondément enracinées dans la philosophie cartésienne selon laquelle toute réalité digne de foi ne saurait s'affirmer telle qu'après être passée par l'épreuve de la vérification personnelle, par le jugement privé de chaque homme. Le renversement des dispositions inégalitaires par des conditions sociales égalitaires a conduit à la mise en avant de l'individualisme généralisé dans la démocratie moderne. Cette dernière trouve un allié sûr dans la philosophie cartésienne qui remet en question les croyances traditionnelles ou les idées reçues par la mise en avant du rôle irréductible de l'individu comme source unique de jugement et d'appréciation. Cet état de fait conduit inéluctablement à ce que Tocqueville nomme l'égoïsme qui est d'ailleurs pour lui comme l'autre nom de l'individualisme puisqu'il finit dans son déploiement à s'absorber dans l'égoïsme : « L'égoïsme est un amour passionné et exagéré de soi-même, qui porte l'homme à ne rien rapporter qu'à lui seul et à se préférer à tout [...]. L'égoïsme dessèche le germe de toutes les vertus, l'individualisme ne tarit d'abord que la source des vertus publiques ; mais à la longue il attaque et détruit toutes les autres et va enfin s'absorber dans l'égoïsme[60] ». Le domaine dans lequel se vérifie le mieux cet élan égoïste de l'homme démocratique est celui de l'acquisition et de la gestion des biens matériels vers lesquels il est résolument tendu.

La passion du bien-être matériel et des richesses est une autre conséquence de l'égalisation sociale. En effet

60 *Ibid.,* P. 612.

dans les sociétés aristocratiques, dit Tocqueville, la possession des richesses et des biens matériels se faisait de manière stable et définitive. L'intérêt exagéré pour les biens matériels était inconnu des peuples de ce temps. Les riches qui étaient aussi à la fois les aristocrates naturellement nantis par héritage ou à cause des conditions sociales d'enrichissement qui leur étaient favorables, « n'ayant jamais connu un état différent du leur, ne redoutent point d'en changer; à peine s'ils en imaginent un autre. Le bien matériel n'est donc pas pour eux le but de la vie; c'est une manière de vivre. Ils le considèrent, en quelque sorte, comme l'existence, et en jouissent sans y songer[61] ». Ces biens leur étaient comme naturels et liés à leur statut social, si bien qu'ils ne pouvaient considérer leur acquisition comme une fin en soi mais comme des moyens légitimes leur permettant de continuer d'être et d'exercer leur influence ou de jouer leur rôle social. Quant au pauvre, vivant dans une sorte de cercle qui lui était socialement tracé, il n'envisageait guère d'en sortir en vue d'améliorer ses conditions sociales. Il acceptait donc cet état de fait comme par résignation, le considérant comme une situation tout à fait normale par rapport à laquelle rien ne devait être entrepris dans le sens du changement. Chacun naît avec des conditions données dans ce monde ici bas, et personne n'y peut rien, sinon d'attendre patiemment l'autre monde à venir : un monde plus égalitaire où n'existera plus ni riche ni pauvre, ni esclave ni homme libre, ni paysan ni aristocrate.

Si donc le respect du statu quo était la règle philosophique des hommes pré-démocratiques, il en est différemment des hommes démocratiques car la passion du bien-être et des richesses entraîne une dynamique de changement des situations. Aucune place n'est plus

61 *Ibid.*

déterminée d'avance, laissant ainsi le champ libre à une compétition ouverte où les fortunes et les conditions fluctuent sans cesse au gré des circonstances. « Le premier désir du pauvre est, naturellement, d'améliorer sa condition matérielle. Réciproquement, le riche se met à envisager la possibilité de perdre les moyens dont il dispose et de déchoir. Envie, d'un côté, et crainte, de l'autre, s'installent pour constituer en définitive l'unique ressort d'une vaste classe devenue ‘‘moyenne’’ : la ‘‘passion du bien-être matériel’’[62] ». L'idée motrice qui sous-tend et détermine ce champ largement ouvert à la compétition, est que la réalisation du plus grand épanouissement social pour tous est possible. Mais le chemin obligé pour atteindre cet objectif est le travail qui demeure la réalité qui rétablit les liens sociaux disloqués sous le mode du contrat.

Sous le règne de cet individualisme cruel, ce qui rétablit une dépendance et une hiérarchie entre les hommes, qui pourrait rappeler quelque chose des temps aristocratiques, est ce contrat du travail. Cependant précise Tocqueville, c’est seulement dans les limites du contrat du travail que l’un demeure maître et l’autre esclave, mais en dehors de cette situation précise, l’employeur et l’employé sont logés à la même enseigne en tant que citoyens. De ce constat, deux choses sont à retenir : la première est que le fondement égalitaire constitutif de la société démocratique reste intact malgré ce nouveau contrat de sujétion et de domination, la seconde nous fait sentir la réalité que les hommes sont prêts à une nouvelle soumission, à une nouvelle forme d'esclavage, à cause de l'unique désir d'accéder au bien-être. Dans ce climat impitoyable et instable de la lutte pour la vie (puisque chacun doit s'efforcer d'acquérir sa place et de la maintenir), les

62 A. ANTOINE, *L’impensé de la démocratie*, Paris, Fayard, 2003, p. 33.

hommes sont continuellement absorbés par cette préoccupation du gain et ne disposent plus d'aucune plage à consacrer à la réflexion ou à la méditation. « Comme la condition démocratique les pousse à agir en permanence, ils valorisent la catégorie de l'action et les capacités intellectuelles qui lui sont liées - rapidité, sens de l'opportunité, habileté, efficacité - tandis que la méditation, avec le travail profond et lent qu'elle suppose, leur paraît superflue et leur devient, en quelque sorte incompréhensible [63] ». Une culture de l'utile, du pratique, du lucratif se développe ainsi, et prend le dessus sur tout, puisque c'est là que la vérité de la vie doit trouver son ancrage.

Le travail est au cœur du système démocratique et « matérialiste ». Ce terme « matérialiste », dans le vocabulaire tocquevillien, a une autre acception que la doctrine philosophique du même nom et doit être compris comme passion pour l'avoir matériel. Le travail est donc ce sur quoi toute organisation sociale moderne repose. S'il est vrai que les civilisations antérieures avaient compris l'utilité du travail pour la vie et en vivaient toutes, elles n'avaient jamais franchi le cap de le considérer comme la seule raison d'être de la vie. En effet, tout se passe comme s'il s'agissait désormais d'inverser les valeurs et de considérer qu'il ne s'agit plus pour l'homme de travailler pour vivre, mais de vivre pour travailler. Le travail considéré dans les sociétés aristocratiques comme un déshonneur parce que lié à la nécessité, est ici placé sur un piédestal. De ce point de vue, la pensée de Hannah Arendt dans *La condition de l'homme moderne* rejoint, prolonge et approfondit celle de Tocqueville. Pour ce dernier, si le travail occupe une place aussi centrale, c'est qu'il est devenu « naturel » car le manque d'héritage séculaire sûr comme c'était le cas dans l'aristocratie, fait du travail la

63 *Ibid.*, p. 34.

seule source permettant d'acquérir les biens matériels et de pouvoir éventuellement constituer un héritage à partir de lui. « Chez les peuples démocratiques, où il n'y a point de richesses héréditaires, chacun travaille pour vivre, ou a travaillé, ou est né de gens qui ont travaillé. L'idée du travail comme condition nécessaire, naturelle et honnête de l'humanité, s'offre donc de tout côté à l'esprit humain [64] ». Comme on peut le constater, il y a un lien que Tocqueville établit entre le travail et la quête du bien-être. En définitive, le vrai but du travail, c'est le profit dont l'argent est le révélateur.

Chez les peuples démocratiques, l'argent prend une importance considérable, parce qu'il est à la fois le vecteur principal de l'échange égalitaire et le nouvel étalon de différenciation sociale[65]. Avec l'argent, tout devient possible, il permet d'avoir accès à tous les avantages sociaux, d'accéder au statut des aristocrates ou même de le dépasser, avec ce que cela comportait comme honneur, dignité et gloire. C'est fort de cela que Tocqueville affirme que «le prestige qui s'attachait aux choses anciennes ayant disparu, la naissance, l'état, la profession ne distinguent plus les hommes ou les distinguent à peine ; il ne reste plus guère que l'argent qui crée des différences très visibles entre eux et qui puisse en mettre quelques uns hors de pair. La distinction qui naît de la richesse s'augmente de la disparition et de la diminution de toutes les autres[66] ».

Ce caractère omnipotent de l'argent motive chacun à ne ménager aucun effort à sa recherche afin de communier en quelque sorte à cette omnipotence qui ne cesse d'accroître à mesure de l'accumulation de plus en plus imposante qu'on peut en faire. Mais l'objet de désir de

64 TOCQUEVILLE, *DA (OC),* II, II, 17, Gallimard, 1992, p. 665.
65 A. ANTOINE, *op. cit.*, p. 35.
66 TOCQUEVILLE, *DA (OC),* II, III, 17, Gallimard, 1992, p. 743.

l'homme démocratique est incommensurable, et toutes ses tentatives pour l'obtenir demeurent vaines. La course effrénée vers toujours plus de bien-être que l'argent procure est à jamais une course perdue d'avance. Mais malgré tout, l'attitude de l'homme montre une volonté déterminée qui semble s'être revêtue d'une espérance folle de remporter un jour la victoire, et d'éteindre définitivement ce feu du désir en lui. Cependant dans l'intime de lui-même, il se rend bien à l'évidence qu'il ne s'agit que de chimères, de rêves irréalistes et irréalisables.

A cette soif jamais étanchée, s'ajoute l'insatisfaction devant une égalité de principe et jamais de fait. En effet l'égalité de tous les citoyens reste juridique, mais pas face à la possession des biens et des richesses diverses, rendue possible par le règne de l'argent qui crée de nouvelles inégalités sociales. Mais de telles inégalités étant instables, puisque les fortunes se font et se défont au gré des circonstances, les riches sont angoissés de perdre leur situation, et les pauvres rêvent de les remplacer ou de se hisser à leur niveau un jour. « Chez les peuples démocratiques, les hommes obtiennent aisément une certaine égalité ; ils ne sauraient atteindre celle qu'ils désirent [...] Ils la voient d'assez près pour connaître ses charmes, ils ne l'approchent pas assez pour en jouir, et ils meurent avant d'avoir savouré pleinement ses douceurs[67] ». Aussi face à toutes ces différentes contradictions, se crée en l'homme démocratique un dilemme qui se traduit dans son être psychologique par une déchirure, une pathologie de l'ordre de la dissociation psychotique qui conduisent à des malaises divers : « dégoûts de la vie qui viennent quelques fois les saisir au milieu d'une existence aisée et tranquille[68] », effondrement dans la folie, si ce n'est carrément un anéantissement dans la mort. L'une et l'autre

67 *Ibid.*, p. 651.
68 *Ibid.*

défaillance sont d'ailleurs pour Tocqueville des « symptômes différents du même mal [69] ».

On peut ici admirer la perspicacité avec laquelle Tocqueville en tant qu'observateur extérieur de la société américaine a su débusquer avec justesse le paradoxe qui la caractérise de l'intérieur. Au-delà de l'Amérique, il nous semble que ce malaise multiforme et ce mal-être existentiel qu'il décrit, sont des symptômes propres à tous les pays riches, industrialisés et développés, appelés autrement sociétés de consommation. Tel est en tout cas l'avis communément partagé par les observateurs étrangers, venus essentiellement du continent africain encore marqué par les traditions ancestrales, et dont la grande majorité de la population vit encore de l'agriculture de subsistance. Ces observateurs sont en général éloignés de la vie trépidante du travail salarié avec ses exigences. C’est ainsi qu’ils sont saisis dès les premiers instants de leur arrivée sur le sol d'Europe, par la vie antinomique que mènent les Européens. Ces étrangers n'ont pas fini d'être soufflés par les différentes infrastructures qui révèlent le haut niveau de développement et de richesse, que se mêlant à la foule anonyme des passants, ils auront vite aussitôt été frappés par l'ambiance de tristesse, d'angoisse et d'inquiétude qu'elle dégage. Le rythme de la vie marqué des horaires rigoureux, impulsés par les contraintes du travail, transforme chaque passant en une sorte de monade qui côtoie d'autres monades semblant s'ignorer complètement, et surtout n'ayant plus d'instant pour sourire, rire ou dire bonjour à ses connaissances de manière nourrie. Tout le monde semble mener une course folle : il faut courir pour maîtriser le temps devenu la matrice du travail salarié, pourvoyeur d'argent qui se transforme en souffle vital. Constat peut donc être fait en reprenant les termes de

---

69 *Ibid.*

Hannah Arendt (que Agnès Antoine met en lien avec l'analyse de Tocqueville), qu' en dépit de son pari pour le monde, de la passion qu'il accorde aux différents supports matériels mondains de la vie, l'individu moderne en effet n'est pas « intéressé » par le monde. Ce terme qui dérive étymologiquement du terme latin *« inter-esse »* signifie « être dans ou parmi [70] ». L'individualisme, qui a l'égoïsme pour vice et sur lequel nous nous sommes penché dans les lignes précédentes, révèle ici, qu'il a quelque chose à voir avec la société de consommation, et conduit en définitive à cette ambiance où la passion pour la vie génère des germes mortifères. C'est là le paradoxe d'une vie qui cherche à se déployer à fond mais se trouve piégée par ses propres élans.

En effet, il est encore possible à un Africain des campagnes (qui peut encore aujourd'hui être comparé au paysan européen de l'époque aristocratique) de vivre en exploitant un lopin de terre qui pourvoie en général à ses besoins vitaux élémentaires. Cependant il faut reconnaître qu'il s'agit là d'une activité qui ne lui permet pas de manière générale d'avoir une autonomie financière conséquente. Cela le rend vulnérable au moindre à-coup lié à la pauvreté, car il pratique une agriculture de subsistance qui n'a pas encore l'argent pour unique objectif. Même s'il faut relativiser un tel constat en reconnaissant que cela n'est pas tout à fait le cas des couches sociales africaines vivant dans les villes, ils y mènent en général mutatis mutandis, un mode de vie à l'occidentale en lien avec des activités salariées. Le niveau supérieur de vie matérielle qui s'y dégage, a aussi l'argent pour unique support.

Dans les pays industrialisés et de consommation, ce stade est dépassé pour laisser émerger dans toutes les

---

70 A. ANTOINE, *op. cit.*, p. 39.

structures sociales, même dans l'agriculture, un travail salarié. Il y est devenu le symbole d'intégration ou d'exclusion sociale. Ainsi la source de l'argent qu'est le travail, est ce qui donne le statut à chacun dans la société. Sans lui, on ne peut vivre qu'en marge de la société. Ainsi le marginal sans domicile fixe et sans référence sociale, n'est pas comme en Afrique le malade mental qui erre ici et là, vivant de peu de chose obtenu par débrouillardise ou grâce à la générosité des autres. Il est généralement le chômeur invétéré, déchu de son statut de travailleur ou n'ayant jamais pu accéder à ce niveau fatidique pour quelque raison. On peut donc comprendre sans coup férir pourquoi tout homme y vit avec la pression et l'angoisse permanentes de se retrouver au chômage. Finalement, l'acquisition de l'argent à travers le travail salarié semble être ce qui donne sens à la vie. C'est pourquoi le combat quotidien que chaque Etat doit mener sans relâche, n'est pas contre une armée, contre un quelconque ennemi, ou contre une épidémie, si ce ne sont des forces de la nature, (car ces sociétés ont « échappé aux contraintes physiques de l'existence et au pouvoir de la force[71] »), il doit le mener contre le chômage, qui s'impose comme le plus grand fléau des temps démocratiques. L'économique se trouve par la force des choses être au centre des préoccupations politiques. Il est désormais l'aune par laquelle on mesure la bonne tenue, le bien-être et la maturité de la politique. Il ne s'agit pas seulement ici d'irruption néfaste de l'économique dans le politique que dénonçait Arendt dans sa critique de la Révolution française et du marxisme, il s'agit d'une inversion des valeurs; ce qui est premier, c'est l'économique par rapport auquel le politique doit se déterminer. Les temps démocratiques sont en résumé ceux du règne de l'économique, de sa suprématie sur le

71 *Ibid.*, p. 38.

politique, entraînant du même coup trois conséquences majeures très néfastes pour la politique.

La première conséquence s'exprime à travers le désintérêt que l'homme démocratique affiche vis-à-vis de la politique. Il est tellement rivé dans la recherche de son bien-être personnel qu'il en vient à oublier la chose commune, c'est-à-dire la politique, car ne compte plus pour lui que l'ego assoiffé de gain. Cet abandon de la politique au profit de la recherche des gains matériels, est porteur de dommages très graves pour la vie de la société dans sa globalité, et pour la liberté individuelle en particulier, qui est la raison d'être de la politique. Cette situation de manque d'intérêt pour la politique, devient un terreau très fertile pour la germination du despotisme et de la tyrannie, prompt à manipuler à sa guise une foule d'individus isolés les uns des autres à cause de leur unique préoccupation qui est la recherche des biens personnels. Alexis de Tocqueville imagine volontiers le sort qui frappera une telle société si peu éprise d'esprit patriotique : « Je veux imaginer sous quels traits nouveaux le despotisme pourrait se produire dans le monde : je vois une foule innombrable d'hommes semblables et égaux [...] Chacun d'eux, retiré à l'écart, est comme étranger à la destinée de tous les autres […] il n'existe qu'en lui-même et pour lui seul, et, s'il lui reste encore une famille, on peut dire du moins qu'il n'a plus de patrie [72] ».

Dénoncer ce fait de l'abandon du politique pour l'économique est du reste un point saillant qui ressort de la réflexion de Hannah Arendt sur le travail. Il est certain que le contexte socio-politique et économique qui était celui de Tocqueville diffère de celui d'Arendt. Le contexte arendtien célèbre particulièrement le travail à travers la production industrielle à outrance qui génère des pro-

72 TOCQUEVILLE, *DA, (OC),* II, IV, 6, Gallimard, 1992, p. 836.

blèmes spécifiques endogènes. Cependant, Tocqueville, sans parler du problème du prolétariat que le marxisme a su mettre en lumière, avait senti que le système économique basé sur le profit individualiste créerait des clivages bien plus inégalitaires que ceux que l'aristocratie avait institués. Cependant ce qui relie davantage Arendt à Tocqueville, c'est surtout l'inquiétude que la recherche du bien-être matériel en vienne à inhiber le politique, à l'engloutir complètement au point de s'identifier ou de se substituer à elle. Là où Tocqueville parle de désintérêt pour la politique au profit de l'économique puisque l'exercice des devoirs politiques pour les hommes démocratiques, (les hommes des pays libéraux et capitalistes) comme on le dirait aujourd'hui, paraît un contretemps fâcheux, Arendt va plus loin en décelant une confusion entre deux domaines différents.

Pour ce faire, elle remonte à l'antiquité grecque. Elle opère de cette manière, non pas par nostalgie de la Grèce ou par incapacité de penser la modernité à travers des concepts qui lui sont propres ; mais parce que ces emprunts au modèle de la *polis* grecque se justifient par le fait que les situations nouvelles de la modernité se laissent encore penser à l'aide des concepts politiques des Grecs, inventeurs de la démocratie.

Dans *l'éthique à Nicomaque* auquel Arendt fait référence, Aristote affirme que la spécificité de l'homme consiste à la *« bios politikos »* qui s'exprime à travers l'action et la parole qui s'opposent à la force et à la violence. En effet, l'action par opposition à la pensée, est cette capacité qu'a l'homme de manifester sa volonté qui, dans le cadre politique, ne peut qu'être « inter-action », « agir en concertation ». Dans ce cadre, la parole est ce qui fait de l'homme, un être vivant capable de langage, de communiquer et de débattre avec ses semblables. Ainsi ces deux activités, pensée et action, parce que spécifiquement politiques, requièrent des hommes libres et égaux comme acteurs. C'est pourquoi « les barbares et les esclaves sont exclus de ce monde de la conversation, [...] car c'est au sein de la *polis* seulement, qui ne connaît que des égaux''vivre dans la *polis* et être libre étaient une seule et même chose''- que peut se déployer la parole, que l'homme peut être l'homme, se soustraire au domaine privé, apparaître en public, sur la scène politique[73] ». Pour les Grecs, le travail qui est labeur et souffrance physique n'est pas spécifiquement humain. Le travail physique est un poids sur sa liberté, un poids duquel l'homme ne saurait jamais s'affranchir, puisque le travail est le chemin obligé pour assurer sa survie biologique. Il nous renvoie à la première condition de l'existence humaine en tant qu'animal devant se nourrir, se reproduire et croître. Dans ce sens, il est donc une nécessité et une contrainte. Or ce qui relève de la contrainte, ne saurait être politique, c'est pourquoi il était toujours du domaine privé, du domaine de l'entretien astreignant de la vie familiale, ce qui explique qu'il soit une charge dévolue exclusivement aux esclaves et que ces anciens le méprisent à cause de son caractère servile. C'est forte de tels constats, qu'Arendt dit qu'il ne faut pas penser que : « le travail et l'artisanat étaient méprisés dans l'antiquité parce qu'ils étaient réservés aux esclaves[74] », mais parce que les Grecs « jugeaient qu'il fallait avoir des esclaves à cause de la nature servile de toutes les occupations qui pourvoyaient aux besoins de la vie [75] ».

Pour Arendt, l'abolition tardive de l'esclavage en Occident, ne s'est pas faite sous l'influence d'une pensée humaniste issue du stoïcisme ou du christianisme, mais sous l'impulsion des progrès scientifiques et techniques

73 S. COURTINE-DENAMY, *op. cit.*, p. 315.
74 H. ARENDT, *CHM.*, p. 127.
75 *Ibid.*, p. 128.

générateurs du développement industriel fulgurant qui finit par rendre l'esclavage plus coûteux que les machines. C'est d'ailleurs plus ou moins la même conviction qui habitait la pensée intime de Tocqueville. Ce dernier s'est évertué à démontrer que le Nord des Etats-Unis était plus riche et plus industrialisé que le Sud esclavagiste qui refusait d'abolir l'esclave. Cette partie du pays continuait au contraire d'en faire le pilier de son système socio-économique.[76] Cela signifie donc aux yeux d'Arendt que le domaine du travail demeure foncièrement étranger au domaine politique et que les hommes ne sauraient trouver leur liberté dans cette activité. Ainsi le travail demeure la sphère pré-politique ou extra-politique du domaine purement politique où n'évoluent que des hommes égaux et libres de toute contrainte. Dans ce même ordre d'idées, on peut dire qu'au XIX^{è} siècle, si la condition du prolétariat industriel a pu évoluer et rendre plus humaines ses conditions d'existence, ce n'est qu'à cause de l'action des ouvriers qui a permis d'accéder à la visibilité en tant que force politique. Cela constitue une preuve que ce n'est pas au cœur de la nécessité vitale que représente le travail que l'on peut accéder à la visibilité et à la liberté politiques, mais s'en affranchir en est la condition préalable[77].

---

76 Tocqueville à travers une analyse perspicace montre que l'esclavage est un frein au développement humain et économique. L'abolition de l'esclavage est donc due à des calculs d'intérêt et non à des considérations philanthropiques. Le manque d'esclaves accroît l'ingéniosité des hommes, l'industrialisation et le progrès. Le clivage existant entre le Nord et le Sud de l'Amérique en est la preuve : « Ce n'est pas dans l'intérêt des Nègres, mais dans celui des Blancs, qu'on détruit l'esclavage aux Etats-Unis [...]. Les provinces qui ne possédaient pour ainsi dire point d'esclaves croissaient en population, en richesses et en bien-être, plus rapidement que celles qui en avaient. [...] La servitude si cruelle à l'esclave, était funeste au maître ». TOCQUEVILLE, *DA, (OC),* I, II, 10, *op.cit.*, pp. 399-400.

77 J-C. POIZAT, *Hannah Arendt, une introduction*, Paris, Agora, 2003, pp. 94-95.

S'il en est ainsi, faut-il en conclure qu'Arendt préconise l'abandon du travail et de l'économique pour l'action alors que nous ne sommes pas sans savoir son importance et son utilité pour la vie humaine? La démarche de Hannah Arendt se veut d'abord un appel à la distinction des deux sphères, et un refus de faire dépendre la politique de la contrainte naturelle des besoins vitaux. Un refus du primat de l' « *animal laborans* » sur les autres aspects de la vie ; un refus de comprendre toute activité humaine sous le mode du travail. Accepter une telle situation, c'est courir le risque de voir surgir une autre contrainte plus grave au niveau politique avec son lot de violence. Une telle violence a été d'une part mise à exécution par la Révolution française à cause essentiellement de l'importante intrusion de l'économique dans le domaine purement politique, et d'autre part par le totalitarisme communiste. Ces deux visions politiques ont fait de la libération des contraintes économiques, le chemin obligé de la politique. La conséquence est que la terreur a été instrumentalisée comme prix à payer pour atteindre cette libération économique considérée comme la raison d'être de la politique.

Et pour conclure, nous sommes d'avis avec Jean Claude Eslin pour reconnaître qu'Arendt, en maintenant sans compromis les catégories fondatrices du politique qui sont souvent méconnues hélas, « nous donne une chance d'apercevoir et d'imaginer autre chose, de garder mémoire d'autre chose que ce que nous connaissons. Elle nous alerte sur les illusions et les inévitables déceptions de chercher la liberté dans des domaines où on ne peut la trouver ; "une société de travailleurs sans travail" nous attend [...] si nous nous résignons à l'effacement du politique[78] ». Cela explique pourquoi le combat titanesque

78 J-C. ESLIN, *Hannah Arendt. L'obligé du monde,* Paris, Michalon, 1996, p. 88.

que la société moderne doit livrer est donc contre le chômage. Combat de longue haleine, inlassablement reconduit, car l'ennemi est pugnace et semble regorger de ressources d'invincibilité. Le drame d'une société de travail sans emploi, c'est que cette situation accentue davantage l'individualisme dont le corollaire est l'égoïsme. Après la lutte âpre que chacun doit mener personnellement pour trouver un emploi, succède celle de tous les jours pour maintenir cet emploi, et cela déclenche forcément une dynamique de concurrence qui suppose des gagnants et des perdants. Engagé dans cette spirale infernale de la lutte pour la vie, il n'y a point de porte de sortie, et cela ne fait qu'accroître davantage ce climat d'angoisse et de malaise des hommes. Le triste spectacle du chômage, de la suppression d'emploi avec son lot de misère et de précarité, de baisse du pouvoir d'achat, que les crises économiques endémiques présentent à nos yeux, est assez révélateur de ce mal-être du monde moderne.

La seconde conséquence est ce qu'on pourrait appeler un individualisme outrancier. Dans la logique de la quête à l'infini de l'auto-satisfaction et de l'auto-célébration, dans la foulée de la course éperdue au bien-être ultra individuel, l'homme libéral en arrive à se fragiliser et à aboutir ainsi à sa propre destruction, à un auto-anéantissement. Tocqueville l'exprime de cette manière : « Préoccupés du seul soin de faire fortune, ils n'aperçoivent plus le lien étroit qui unit la fortune particulière de chacun d'eux à la prospérité de tous[79] ». Il y a dans certaines analyses de Tocqueville, plus que des affirmations d'un visionnaire averti. On pourrait volontiers prêter cette phrase à un penseur contemporain appréciant aujourd'hui même, l'état de la crise financière, née des embardées de l'ultra libéralisme. C'est sur ce principe,

79 TOCQUEVILLE, *DA, (OC),* II, II, 14, Gallimard, *op.cit.*, p. 653.

nous le savons, que repose l'économie américaine et mondiale. Les inquiétudes que portait Tocqueville, suite au diagnostic qu'il faisait il y a presque deux siècles déjà sur la démocratie américaine basée sur l'égalité qui entraîne la libre concurrence et la course effrénée aux biens, si elles étaient déjà bien fondées à l'époque, ont trouvé surtout leur justification extrême dans les crises économiques majeures qu'a connues la planète : la récession économique de 1929 et celle de 2008 dont les répercussions sont toujours vivaces aujourd'hui. Ce n'est pas insignifiant que toutes ces crises économiques importantes du monde naissent d'abord aux Etats-Unis avant d'embraser tous les autres pays, parce que non seulement ils sont la locomotive de l'économie mondiale mais surtout parce qu'ils sont les champions de l'ultra libéralisme consubstantiel à leur organisation économico-politique originelle. Cette crise économique se manifeste, comme nous le disions tantôt, par la baisse du pouvoir d'achat dont l'accroissement du nombre des pauvres est le corollaire ; par la perte de l'emploi due à la faillite ou aux manques de capitaux dans les entreprises et les institutions financières. Tout cela sape les bases mêmes de l'économie moderne bâtie sur la libre concurrence. Cette situation contraint à se rendre compte de l'importance de l'Etat, appelé à la rescousse pour réguler les choses ; de l'importance du rôle incontournable du politique pour aider à comprendre qu'il y a un lien étroit qui unit la recherche de la fortune particulière de chaque citoyen, à la prospérité de tous, comme le faisait remarquer Tocqueville.

La troisième conséquence non des moindres qui émerge des analyses perspicaces et prophétiques de Tocqueville, c'est le fait de prédire que l'abandon du politique pour l'économique conduirait à un désastre politique jamais égalé. Il peine à trouver le terme qui traduirait au mieux ce sinistre qui frappera les hommes démocratiques, car celui de tyrannie est inadéquat pour en rendre compte. Ce beau passage que nous citons à présent traduit fortement l'appréhension de notre philosophe sur l'avenir de la démocratie : « Je pense que l'espèce d'oppression, dont les peuples démocratiques sont menacés ne ressemblera à rien de ce qui l'a précédée dans le monde [...] Je cherche en vain moi-même une expression qui reproduise exactement l'idée que je m'en forme et la renferme ; les anciens mots de despotisme et de tyrannie ne conviennent point. La chose est nouvelle, il faut donc tâcher de la définir, puisque je ne peux la nommer [80] ». Après avoir dit son incapacité à définir cette nouveauté radicale qu'il entrevoit se dessiner dans l'avenir, Tocqueville tente vainement de décrire cette réalité aux contours flous. Mais ce qu'il en dit peut paraître comme une description à vif des expériences politiques vécues un siècle plus tard, à l'époque des systèmes totalitaires dont Arendt est un témoin privilégié : « Au dessus de ceux-là s'élève un pouvoir immense et tutélaire, qui se charge seul d'assurer leur jouissance et de veiller sur leur sort. Il est absolu, détaillé, régulier, prévoyant et doux. Il ressemblerait à la puissance paternelle si, comme elle, il avait pour objet de préparer les hommes à l'âge viril ; mais il ne cherche, au contraire, qu'à les fixer irrévocablement dans l'enfance[81] ». Cette réalité que Tocqueville avait de la peine à nommer, apparaît de manière limpide pour Arendt qui la nomme du nom sinistre de système totalitaire. Même si le contexte socio-politique du XX[è] siècle sur lequel s'attelle la réflexion d'Arendt est différent à plusieurs égards de celui de Tocqueville, il n'en demeure pas moins que malgré la différence d'époque, il existe un dénominateur commun qui caractérise les hommes, et qui fait que les mêmes causes produisent politiquement les

---

80 TOCQUEVILLE, *DA, (OC),* II, IV, *6, op .cit*, p. 836.
81 *Ibid.*, p. 837.

mêmes effets, quelle que soit l'époque. On peut fort aisément établir un parallélisme entre l'analyse de Hannah Arendt sur le processus historique qui a conduit au totalitarisme, et celle de Tocqueville sur la situation qui prévalait avant l'avènement de la démocratie libérale.

Tocqueville dit de l'Ancien Régine qu'il était bâti sur une société de classes, dont la plus basse, celle des paysans était exclue des affaires politiques et que l'entrée de cette classe en politique, grâce à l'égalité des conditions, est constitutive de la démocratie. Il dit aussi que la course effrénée au profit des biens matériels mais au détriment de la politique laissait la porte grande ouverte à l'émergence ultérieure d'une dictature sans nom. La réflexion de Hannah Arendt se situe dans la lancée de celle de son prédécesseur et est centrée sur une société européenne qui dans sa globalité connaissait un processus de démocratisation progressive. Pour Arendt, des deux classes présentes en Europe au XIX^è siècle, seule l'aristocratie s'occupait des choses politiques, quand la bourgeoisie adoptait une indifférence et une neutralité quasi naturelle en matière politique. Fondée sur la compétition et l'acquisition des biens, la bourgeoisie était hostile envers la vie publique non seulement dans son propre sein mais aussi au sein des classes sociales qu'elle exploitait[82]. La classe paysanne décrite par Tocqueville, dont une partie s'est muée en bourgeoisie au temps d'Arendt, laissant la grande majorité dans la précarité, est ce qu'on nomme la populace au XIX^è siècle. Même si cette classe s'intéresse désormais à la politique, elle reste malgré tout marquée par l'individualisme où la recherche du succès personnel prend le pas sur l'intérêt pour la conduite des affaires publiques. Du reste pour cette classe, toute bonne politique ne peut être que celle qui maintient et

82 H. ARENDT, *ST.*, p. 34.

permet le développement de l'épanouissement individuel. Chacun agit comme s'il s'agissait de rattraper un temps perdu, de passer de l'ombre et de l'anonymat à la lumière de la richesse et de la célébrité que seul l'aristocrate ou le bourgeois connaissait. Nous aurons remarqué que comme Tocqueville, Arendt décelant ce manque de zèle et d'enthousiasme de ces gens-là pour la politique, utilise pour les qualifier, les mêmes termes que son prédécesseur à l'égard des Américains : ils sont ceux pour qui les devoirs et les responsabilités de citoyens sont pure oisiveté et perte de temps.

Cette populace de la sous-bourgeoisie deviendra au XXè siècle ce que Hannah Arendt appelle la masse. En effet, entre ces groupes d'appellation différente, existait une similitude de statut social et duquel découlait un certain ressentiment psychologique au niveau politique. Ainsi, il était « difficile d'apercevoir les différences profondes entre les organisations de la populace au XIXè siècle et les mouvements de masse du XXè»[83], même s'il était vrai que « c'est de l'effondrement de la société de classes que s'est développée la psychologie de ''l'homme de masse'' européen [84] », et qui a permis qu'au milieu du XXè siècle apparaisse cette étrange espèce d'humanité de foules apathiques à la chose politique « formant une seule grande masse informe d'individus furieux[85] ».

Seuls changeaient le contexte historique et la situation socio-politique, mais pas l'état psychologique qui leur donnait le sentiment d'être abandonnés. Cette situation les obligeait à former un groupe d'éléments disparates certes, mais constituant après coup un groupe homogène du fait de leur condition commune de déshérités, qui faisait d'eux des hommes prêts à en découdre pour

---

83 *Ibid.*, p. 35.
84 *Ibid.*, p. 37.
85 *Ibid.*

revendiquer leurs droits par tous les moyens. Ainsi en est-il de la populace du temps de la Révolution française, façonnée par les idéologues révolutionnaires que furent les Jacobins, ainsi en est-il aussi des masses nées au XXè siècle. Ces dernières constituaient un terreau très fertile sur lequel des leaders n'auront plus qu'à semer les graines des mouvements totalitaires divers. Pour transformer ces individus disparates mais unis par la volonté commune de défendre des intérêts individuels, en une masse informe et apathique, les leaders des mouvements totalitaires réussirent un exploi : celui de leur faire perdre leurs ambitions personnelles et leur recherche d'intérêt individuel, pour n'être plus motivés que pour des revendications d'ordre général au profit de l'ensemble anonyme. Cette masse de citoyens aux éléments disparates qui au départ étaient en marge des débats et des intrigues politiques furent conditionnés par la suite. C'est sur eux que reposa l'industrie oppressive des mouvements totalitaires du XXè siècle qui atteignit un niveau de paroxysme de la barbarie jamais connue dans l'histoire. Ces leaders créèrent ainsi une différence profonde avec les procédés de tous les meneurs célèbres de foules qui les avaient précédés dans l'histoire.[86]

* *

*

86 Dans le passage suivant, Arendt montre bien en quoi réside cette nouveauté des nouveaux meneurs : « En effet, les modernes chefs totalitaires ne diffèrent guère, par la psychologie et la mentalité, des précédents meneurs de foules [...] Aucun de leurs prédécesseurs du XIXè aucun ne s'empara de ses adhérents jusqu'à leur faire perdre toutes leurs exigences et leurs ambitions individuelles, aucun n'avait jamais envisagé qu'une organisation puisse réussir à détruire l'identité individuelle de façon permanente, et non seulement pendant le moment de l'action collective et héroïque ». H. ARENDT, *ST.*, p. 35.

Pourquoi la Révolution accomplie en Amérique fascine-t-elle au point de constituer un passage obligé pour penser la démocratie moderne tout en faisant des Etats-Unis un refuge pour des personnes assoiffées de liberté comme Hannah Arendt ? La réponse ne saurait relever du fait que cette Révolution soit un idéal type indépassable. Mais parce qu'elle sut reproduire à l'époque moderne l'expérience antique grecque en instituant l'égalité juridique de tous les citoyens dans un contexte qui exclut la violence. Cependant, cette révolution démocratique fascine sans inhiber les critiques de nos deux philosophes qui ont décelé que l'abandon du politique pour l'économique était porteur de préjudices graves pour l'humanité : un monde de travailleurs sans travail, des crises économiques récurrentes, et surtout la barbarie des systèmes totalitaires.

CHAPITRE IV
POLITIQUE ET VIOLENCE

Les plus grandes menaces pour l'espèce humaine dans l'histoire ancienne ou moderne de l'humanité, ne proviennent pas de cataclysmes naturels, mais de la violence produite par les hommes eux-mêmes. Le canal par lequel cette plus grande menace pour l'humanité a été et demeure toujours possible, est la politique. La conviction exprimée en chœur par nos deux philosophes, est qu'il faut en finir définitivement avec l'idée selon laquelle la violence relève de l'essence même de la politique. Il faut aussi combattre la conviction communément partagée qu'elle est un instrument nécessaire à l'agir, et ce, en se fondant sur l'idée selon laquelle on ne saurait faire des omelettes sans casser des œufs.

I. La culpabilité de la philosophie

La raison pour laquelle la philosophie pourrait être à son corps défendant peut-être responsable de l'immixtion de la violence en politique, serait à rechercher dans la problématique des absolus. Cela signifie en d'autres termes que la responsabilité de la philosophie se situerait dans sa tentative de rechercher des fondements de la politique en dehors du donné immédiat de la réalité socio-historique concrète. C'est du reste la porte d'entrée par laquelle Arendt appréhende le problème de la violence en se référant au mythe de la caverne de Platon comme matrice de pensée. L'épine dorsale mais sous-jacente d'où s'origine le problème de la violence, est selon Hannah Arendt, la recherche d'une autorité en politique en dehors de la pluralité phénoménale de la cité. De manière concrète, il s'agit d'une autorité-vérité provenant du monde des Idées ou du « *nous* », la raison prise comme phare de l'action humaine. Dans ce sens, c'est toute la philosophie politique occidentale depuis Platon qui est remise en cause. Selon Arendt, pour cerner la question spécifique du lien avéré entre autorité et violence, il faut remonter aux événements qui ont conduit à la condamnation à mort de Socrate. Cet événement est le fil conducteur qui permet de saisir toute la problématique de la violence en politique.

Socrate, face à la décadence de la cité d'Athènes consécutive à la guerre du Péloponnèse, pense trouver dans la persuasion dialogique, le remède à cette décadence. A Athènes, en lieu et place de la gestion concertée et démocratique, sévissaient désormais la démagogie des sophistes et la corruption des mœurs à tous les niveaux de l'échelle sociale. Socrate espère, à travers sa démarche, redonner aux citoyens, des repères pour l'action politique. Il espère aussi motiver les détenteurs du pouvoir à redresser la barre après l'occasion qu'il leur aura donnée de prendre la mesure exacte de la gravité de la situation.

Après l'échec de sa tentative qui se solda par sa condamnation à mort, Platon, son fidèle disciple, perçut les limites de la démarche de son maître. Il se sentit obligé de remettre en question les enseignements de son maître et de rechercher une troisième voie en dehors de la persuasion socratique et de la force violente, laquelle voie serait susceptible de convaincre et de susciter l'adhésion. Cette troisième voie, capable d'une telle efficience, s'appelle autorité dont le mot et le concept d'origine latine étaient méconnus des Grecs qui en revanche ne connaissaient que la persuasion et la force[87]. Arendt affirme d'ailleurs qu'un divorce s'est opéré entre la philosophie et la politique suite à la mort de Socrate et elle démontre par la suite comment cet événement traumatisant

87 J-C. ESLIN, *op. cit.,* p. 110.

pour Platon allait susciter en lui la nécessité d'une démarche nouvelle à instaurer dans les rapports que le philosophe doit désormais entretenir avec la philosophie. « Notre tradition de pensée politique commença avec la mort de Socrate qui fit désespérer Platon de la vie de la "polis", et douter en même temps des enseignements fondamentaux de Socrate[88] ». Ainsi, dans ses différents dialogues politiques, mais principalement dans *La République*, cette préoccupation majeure taraudant Platon le pousse à penser un nouvel ordre politique. A partir de ce moment, déclare Arendt, Platon aurait travaillé à inventer ce concept d'autorité qui faisait défaut à la pensée et à l'histoire grecques. Il aurait cherché à introduire une nouvelle relation dans la vie publique de la "*polis*" qui serait en quelque sorte comme une troisième voie, se tenant à égale distance de la méthode persuasive de Socrate considérée comme insuffisante, et de la violence externe jugée comme destructrice de la politique même. L'objectif visé dans tout ce processus, étant de parvenir à contraindre les hommes à l'obéissance, sans pour autant avoir recours à la violence pure[89].

La conviction d'Arendt prend racine dans une réflexion de Pascal appréciant la philosophie politique de Platon et d'Aristote. Selon Blaise Pascal, il est temps d'en finir avec les idées reçues selon lesquelles la philosophie politique serait une des principales investigations sur lesquelles les deux philosophes auraient consacré le clair de leur énergie, compte tenu de l'importance de la question pour les hommes. Pour lui la réalité est tout autre. Platon et Aristote étaient des gens simples et normaux, menant non pas une vie de pédants et d'érudits, mais une vie

88 H. ARENDT, « Philosophy and politics », *Social Research*, vol. 57, n°1, 1990, p. 73.
89 M. ABENSOUR, *Hannah Arendt contre la philosophie politique?*, Paris, Sens §Tonka, 2006, p. 72.

ordinaire avec les amis. Ce fut alors comme en jouant qu'ils se sont divertis à faire leurs lois et leurs politiques. « S'ils ont écrit de politique c'était pour régler un hôpital de fous. Et s'ils ont fait semblant d'en parler comme d'une grande chose, c'est qu'ils savaient que les fous à qui ils parlaient pensent être rois et empereurs. Ils entrent dans leurs principes pour modérer leur folie au moins mal qu'il se peut[90] ». Les motivations de Pascal, on le sait, sont claires ici. Elles sont celles d'un chrétien moraliste, en l'occurrence un janséniste, qui est habité par un scepticisme, voire un pessimisme augustinien à l'égard du monde considéré comme la Babylone des concupiscences où le sérieux et la respectabilité de la philosophie n'auraient rien à voir. La philosophie politique de nos deux philosophes, considérée comme le nec plus ultra de leur pensée, est ici ravalée au rang du jeu, puisqu'il s'agit ni plus ni moins d'une entreprise ludique pour réajuster un monde déréglé, plongé dans l'anomie. Un monde de fous qu'il faut aider à restructurer. La nature du monde et des affaires humaines sont telles que la noblesse de la philosophie lui interdit toute relation d'affinité. Si la philosophie a affaire au monde, ce serait nécessairement dans un élan de condescendance et dans le cadre et l'esprit du jeu.

Arendt donne partiellement son accord à l'allégation de Pascal. Elle convient surtout avec Pascal que le projet de la pensée politique de Platon était effectivement de trouver les voies et moyens pour régler la cité anomique considérée comme un hôpital de fous. C'est cette folie qui a causé la mort de son maître. Elle reconnaît avec lui que Platon n'a jamais pris au sérieux la question philosophique du domaine politique. Son attitude par rapport à ce chapitre en effet, s'apparenterait à du dédain. En effet, ce monde terrestre n'est-il pas le lieu des chimères et des

---

90 B. PASCAL, *Pensées* n° 472, Paris, Gallimard, 1977, p. 335.

illusions ? Cependant, elle ne partage pas la considération selon laquelle la philosophie politique de Platon et d'Aristote n'aurait été qu'un exercice ludique, car par rapport à ce qui a été avancé plus haut sur les sentiments de Platon après la mort de Socrate, il s'agit plutôt d'un projet de pensée politique d'un Platon soucieux de se prémunir du danger qui guette le philosophe et la philosophie. S'investir sur la pensée politique pour elle-même compte tenu de son importance pour la philosophie n'aurait donc jamais été une préoccupation vitale pour lui. En effet l'image du philosophe qu'il porte en lui est celle de l'homme qui se libère de la gestion des affaires humaines, des soucis des choses mondaines, et qui privilégie la contemplation. Mais si le philosophe en vient à s'intéresser à la politique, ce serait juste pour penser l'organisation de la cité et de ses lois de fous, afin qu'elles ne constituent plus en aucune façon une menace pour le philosophe, obligé malgré tout de vivre dans une société: telle serait l'orientation centrale de la philosophie politique de Platon.

L'idée force qui se dégage ici est que les affaires de la cité, la question du vivre-ensemble qui était un domaine sacré pour le Grec, est déprécié par Platon. Les raisons de cette dépréciation relèvent du fait que ces affaires sont instables, changeantes et caduques au gré des humeurs des hommes. Ne pouvant se défaire des affaires humaines, ou se trouvant dans l'impossibilité de vivre en solitaire de manière autarcique, il lui importait de trouver un principe intangible aux lois instables de la cité, c'est-à-dire quelque chose de permanent et de solide qui résiste à tout imprévu. Ce souci constituera l'épine dorsale, la pierre angulaire de toute la construction philosophique de Platon. C'est ainsi que plus que tous les autres philosophes avant lui, Platon « a pris encore au sérieux les affaires humaines au point de changer le centre même de sa pensée afin de le rendre applicable à la politique[91] ». C'est pourquoi il en vint à concevoir l'essence de la politique dans la contemplation des idées et non plus dans le dialogue entre les hommes. Il tourna alors le dos à toute recherche de la vérité politique située au cœur des opinions diverses des hommes de la cité, parce que ces opinions ont montré leur insuffisance, voire leur dangerosité dans la mise à mort de Socrate.

Le point d'appui de l'argumentaire d'Arendt est l'allégorie de la caverne dans le livre VII de *La République*, qu'elle considère comme la source où s'origine la pensée politique de Platon. Elle révèle son intuition dans deux correspondances adressées respectivement à Heidegger et à Jaspers. A Heidegger, elle écrit ceci : « En partant de l'allégorie de la caverne (et de ton interprétation) une présentation des rapports traditionnels entre philosophie et politique, qui consiste, plus précisément, à envisager la position de Platon et d'Aristote à l'égard de la ''polis'' comme la base de toute théorie politique, (il me semble décisif que Platon voit l'idée suprême dans l' ''agathon'' plutôt que dans le ''kalon'' – pour des raisons que je dirai '' politiques'') [92] ». Elle renchérit deux ans plus tard, s'adressant cette fois-ci à Jaspers, et lui révélant ce qui lui semble être la position de Platon dans *La République*. Pour elle, dans l'allégorie de la caverne, Platon réussit l'exploit de transformer subrepticement la vérité en justesse et de faire des idées des normes morales. La trame à partir de laquelle il faut comprendre une telle démarche se situerait selon Arendt dans le conflit qui est né entre la philosophie et la politique depuis le procès de Socrate. Pour arriver à cette conclusion, Arendt s'inspire

---

91 H. ARENDT, *CC.*, p. 150.

92 Lettre du 8 mai 1954, *Lettres et autres documents 1925-1975. Hannah ARENDT/Martin HEIDEGGER,* traduction Pascal David, Paris, Gallimard, 2001, p. 144.

certes de Heidegger mais procède à une interprétation assez particulière de l'allégorie.

Dans la caverne, des hommes sont enchaînés, condamnés à regarder droit devant eux, où ils voient défiler sur la paroi de la grotte, des ombres de choses extérieures projetées dans la caverne, grâce à une lueur s'infiltrant par une lucarne. Un des prisonniers, arrivant à se libérer, découvre en arrière de la caverne, un feu artificiel qui lui permet de voir les choses comme elles sont dans leur réalité.

Pour Arendt, cette première attitude correspond à celle du savant voulant découvrir les choses telles qu'elles sont réellement en se détournant des ombres, c'est-à-dire des opinions *« doxai »* qui sont cependant la vérité professée par l'ensemble des habitants de la caverne. Ce prisonnier libéré, non plus satisfait de la réalité des choses qu'il aperçoit désormais dans leur vraie réalité et non pas seulement leurs simulacres que constituent les ombres de la caverne, découvre le royaume des Idées, les essences éternelles et immuables, dont participent les réalités projetant leurs ombres dans la caverne. Dans cette position, ce prisonnier libéré est subjugué par ce qu'il voit ; il peut contempler à loisir la vérité des choses dans leur splendeur, là il peut devenir et devient véritablement un philosophe, c'est-à-dire celui qui est capable d'une double ascension : d'abord de sortir physiquement de la grotte, et d'élever ensuite son esprit pour atteindre le monde des idées pour ainsi appréhender les choses dans leur essence.

Fort de son aventure heureuse, le philosophe redescend dans la grotte pour partager son expérience avec ses compagnons. Cependant il est désarçonné par la vie et les ombres de la grotte. Il se réadapte difficilement à la vie de ténèbres au sens figuré et propre que mènent ses compagnons de la grotte. Il n'arrive pas à partager avec ses compagnons son expérience, car ils ne sont pas outillés pour le comprendre ; ils ne peuvent comprendre un discours d'outre-monde qui leur parle de réalités exotiques inconnues de leur champ d'expérience. De cette situation inédite naît un conflit mettant la vie du philosophe en péril.

Cette analyse du mythe, et partant de la philosophie politique de Platon qui inspire toute la philosophie politique occidentale en général, permet à Arendt de dresser une critique de fond. Nous partageons cette critique de notre philosophe et nous la reprenons à notre compte en la disséquant en trois étapes.

La première étape de la critique part de la description que Platon fait de l'attitude des prisonniers de la caverne. « L'un des aspects les plus troublants de l'allégorie de la caverne est que Platon décrit ceux qui y habitent comme pétrifiés, enchaînés devant un écran, privés de toute possibilité de faire quoi que ce soit ou de communiquer les uns avec les autres. A l'évidence, les deux termes politiques les plus significatifs pour désigner l'activité humaine, la parole et l'action (‘‘lexis et praxis’’) sont ostensiblement absents de tout le récit[93] ». Partant de ces considérations, Arendt en déduit une absence notoire de politique. En effet, il n'existe pas chez les habitants de la caverne les donnés élémentaires constitutifs d'une vie politique. Il y a d'abord le fait qu'ils sont prisonniers, alors que la liberté est la raison d'être de la politique. C'est pourquoi on peut comprendre que les conditions élémentaires d'exercice de cette liberté, ou si l'on veut, les éléments qui expriment cette liberté, la parole et l'action soient inexistantes. En effet, la vie dans la caverne est non politique, car réduite à sa plus simple expression : elle y est presque végétative. Les prisonniers ne constituent pas

93 H. ARENDT, « Philosophy and politics », *Social research*, vol. 57, n° 1 1990, p. 96.

une communauté, car ils n'ont rien en commun : ni parole ni un quelconque échange, ni même un monde commun puisque chacun ayant les yeux rivés devant lui contemple un monde qui lui est propre. Chacun, si l'on peut ainsi ironiser, a le privilège d'avoir un monde pour lui tout seul.

Ils sont donc doublement isolés d'abord en tant que prisonniers dans la caverne, ensuite en tant que monades aphones, condamnés au pire solipsisme. Avec cette allégorie, Platon rompt avec la tradition grecque de la cité héritée d'Homère, qui à travers le récit de la guerre de Troie faisait de la politique une entreprise d'hommes libres. C'est pourquoi parlant de la réalité de la caverne, Hannah Arendt écrit : « au lieu de l'existence des morts comme dans "l'Hadès" homérique, c'est la vie ordinaire qui se situe dans une caverne, dans le monde souterrain ; l'âme n'est plus l'ombre du corps, le corps devient l'ombre de l'âme[94] ». Dans l'*Odysée* d'Homère en effet, l'Hadès ou l'outre-monde est le lieu du règne de l'ombre du corps, c'est-à-dire de l'âme et de la vie après la mort. Monde de vie de réalités non consistantes parce que non physiques et matérielles : seule la vie mondaine tangible est réelle. L'Hadès est le monde où la vie s'exprime plutôt de manière mythologique que réelle. Mais avec Platon, s'opère une inversion des valeurs de sorte que vivre sur terre devient vivre dans un monde souterrain où le corps est une ombre face à la seule réalité digne de ce nom qu'est l'âme[95].

Ainsi pour ces prisonniers de la caverne, il s'agirait à la limite d'un apprentissage de la vie politique de fond en comble, d'un commencement radical qui nécessite la mise en place des conditions minimales de sa possibilité. Il ne pourrait même pas ici être question de palliatifs, de

94 H. ARENDT, *CHM*, p. 329.
95 H. ARENDT, *NT*, Paris, Payot et Rivages, 2006, p. 135.

correctifs ou de remèdes à apporter. C'est la tentative qui est pourtant celle du philosophe, lui qui demande aux prisonniers de s'inspirer des idées pour un agir politique authentique, pendant que pour eux, la non authentique c'est-à-dire la vie politique ordinaire s'avère elle-même inexistante, puisque la prison ne constitue même pas un minimum de *« polis »*. La seule chose dont se préoccupent les prisonniers, c'est le « voir », (et ce, indépendamment de tout besoin pratique précise Arendt). Le « voir » étant donc central dans la vie des hommes justifie nécessairement l'intervention du philosophe. En effet parce qu'il est le « voyant » par excellence à travers les idées contemplées, il est le mieux indiqué pour être roi. Ainsi, « tout est désormais en place pour que le domaine des affaires humaines, ainsi ontologiquement déprécié, tombe sous la domination de quelque chose d'extérieur qui acquiert par cette voix une légitimité pour le régler. Tout est désormais en place pour que la politique tombe sous la domination de la philosophie[96] ».

Si l'essence de la politique se trouve dans les idées, cela signifie que sa vérité est extra mondaine, et que ce monde ne peut s'organiser ou se constituer à partir de ce qu'il est de manière intrinsèque, mais toujours par imitation, par inspiration d'un outre-monde dont le philosophe seul a le secret. Cela signifie en outre que la multiplicité des hommes, bien qu'ils soient dotés de charismes spécifiques nécessaires à la construction de la société, ne peuvent que regarder du côté du philosophe pour recevoir de lui toute instruction. L'enjeu ici est de très grande importance, car le philosophe ou les philosophes, à supposer qu'ils soient nombreux dans la société, portent sur eux une lourde responsabilité impossible à assumer. Leur position de contemplateurs ne leur permet pas

---

96 M. ABENSOUR, *op. cit.*, pp. 78-79.

l'action, et ceux qui doivent agir ne peuvent contempler ce qui doit orienter leur action.

D'une part, « l'action » contemplative des uns se traduit par l'attente inactive des autres, car ils sont en attente d'ordres à recevoir des « voyants ». Elle se traduit par leur non agir. Seule demeure en définitive une action contemplée au lieu d'être agie, si l'on peut s'exprimer ainsi. En effet la contemplation même passive est une sorte d'activité dans le champ de l'esprit, tandis qu'être dans le champ de l'action, mais désœuvré et en attente d'ordres et de directives venus d'ailleurs, est une passivité, une inaction. Dans cette posture, s'il y a une attitude qu'on pourrait qualifier d'action ce serait encore une fois le « voir » ou si l'on préfère le « regard » tourné vers l'instructeur qu'est le philosophe. Il y a donc là une inversion des valeurs et des rôles, préjudiciable à la *« polis »*. La grande majorité des citoyens qui constituent les vrais acteurs manquent d'action et sont désœuvrés : ils sont réduits au « regard » et au « voir » mais aussi à « l'écoute » en vue de l'exécution dans laquelle il leur sera demandé d'exceller. Seuls sont à la tâche mais de manière passive la petite minorité des illuminés qui s'attèlent à l'activité de la contemplation.

D'autre part, le risque est trop grand de compter sur les philosophes. Tout l'agir politique repose sur leurs prétendues qualités idoines. Premièrement, la question se pose de savoir s'ils contemplent réellement quelque chose d'intéressant pour la politique? C'est sa qualité du « voir » qui est ici interpellée. N'est-il pas un simple illuminé qui imagine beaucoup plus qu'il ne contemple de choses vraies? A supposer qu'il y ait matière à contempler, ne contemple-t-il pas maladroitement ou faussement? Deuxièmement, la question demeure de savoir s'il y a une adéquation rigoureuse entre la chose contemplée et la chose transmise? Ici, c'est la sincérité et l'honnêteté du philosophe qui sont en cause. Ne peut-il pas prendre un malin plaisir à abuser ou à tromper les autres pour quelqu'intérêt personnel ou éloigné des attentes du peuple? Serait-il alors raisonnable de lui faire totalement confiance, si le moindre risque de se voir égarer existe?

Au regard de tout ce qui vient d'être évoqué, il serait plus que dangereux de faire de la contemplation, la source de l'agir politique. En effet ce serait laisser le champ libre au premier des illuminés, philosophe ou supposé tel, d'abuser de la multitude qu'il transforme en masse servile. C'est sans doute ici que la critique arendtienne des systèmes totalitaires prend racine et trouve sa raison d'être. En effet tous ces systèmes ont leurs grands « leaders », leurs « timoniers » de classe exceptionnelle, ou leurs « guides » suprêmes, tous toujours charismatiques, dont le rôle est justement en tant que visionnaires, de guider le peuple comme un pasteur conduit son troupeau vers des lendemains qui chantent. Mais l'histoire nous démontre que tous malheureusement échouent de manière lamentable, et la conséquence immédiate est que les peuples devant lesquels ils cheminaient comme guides éclairés, finissent toujours par payer dramatiquement le prix de cette supercherie. Cela démontre si besoin en était que le domaine de la politique demeure celui de l'intersubjectivité et du savoir agir-ensemble (en se fondant sur les réalités humano-mondaines) et non celui de la contemplation.

La seconde étape de la critique, aborde justement la question du rôle actif joué par le philosophe. Comme nous venons de le préciser, il est l'instructeur de la politique en se basant sur les lumières venues d'ailleurs, du ciel en l'occurrence ou si l'on préfère, du monde des Idées. En dehors de ce rôle de contemplateur et de transmetteur, il se sent en plus obligé d'intervenir directement lui-même. Il se sent forcé d'agir pour apporter un correctif à ce monde de fous que son regard ne peut supporter davantage. Pour cette raison, il va vite en besogne en éludant la prise en compte de la situation concrète des relations fragiles de la caverne. En effet, après la contemplation, il a acquis la conviction qu'il peut modeler les choses de la caverne en fonction de ce qu'il a contemplé. Il devient dès lors le seul spécialiste et l'acteur attitré de ces changements à opérer. Pour conférer au seul philosophe ce rôle, Platon procède à un infléchissement profond de sa théorie des idées.

En effet, quand il ne parle pas de politique (comme dans *Le Banquet)*, les idées sont « des variantes du beau ». Mais quand il aborde le problème de la politique dans *La République*, « les idées se changent en normes, en étalon de mesure, en règles de conduite, autant de variantes ou de dérivées de l'idée du “ bien”, au sens grec, c'est-à-dire de ce qui est “bon pour” de la convenance[97] ». Cette substitution du beau par le bien est rendue nécessaire parce que le philosophe qui est désemparé une fois qu'il retourne dans la caverne, a besoin de normes et de règles sûres pour modeler la masse ignorante de la caverne selon le modèle contemplé. Entre le roi-philosophe et les autres, s'instaure désormais des relations régies par le principe du commandement et de l'obéissance, émanant de la suprématie du *« bios théôrètikos »* sur le *« bios politikos »*, et qui suppose l'assujettissement de la *polis* au monde des Idées dont le philosophe est le seul garant. « Si l'idée la plus haute, à laquelle toutes les autres idées doivent participer pour être vraiment des idées, est l'idée d'adéquation, alors les idées sont applicables par définition, et dans les mains du philosophe, l'expert en idées, elles peuvent devenir des règles, et des normes ou, comme plus tard dans *Les Lois*, elles peuvent devenir des lois[98] ». Elle poursuit en démontrant que ce qui n'était encore dans *La République*

97 H. ARENDT, *CHM.*, p. 289.

98 H. ARENDT, *CC.*, p. 149.

qu'une revendication personnelle du philosophe-roi d'être l'unique personne idoine à gouverner de manière exclusive, « devient dans *Les Lois* prétention impersonnelle de la raison à la domination[99] ».

En faisant le point de ce qui a été dit précédemment, nous constatons que la première attitude du philosophe fut celle d'éclaireur. Elle traduit l'hégémonie des Idées sur le monde concret de la politique. Il y a là un premier degré de violence qui va être supplanté par la deuxième étape de négation de la philosophie politique : celle de la substitution des lois terrestres par les lois célestes. Le deuxième degré de violence est atteint ici car les lois touchent la vie dans son expression quotidienne et impriment une obligation, une contrainte, en somme une marche à pas forcés. Mais au lieu de cette attitude de faiseur de loi qui constitue la deuxième négation de la politique par le philosophe, la démarche convenable de la part du philosophe aurait sans doute été la suivante : libérer les prisonniers de leurs chaînes, en libérant de facto en eux de manière concomitante, la parole et l'action qui fondent et expriment toute politique. Libérés et obligés de vivre ensemble dans la situation de la caverne, il va de soi que les prisonniers auraient inventé des lois propres à eux, mais indispensables pour leur début de vie politique.

Mais la tentative du philosophe de vouloir apporter des lois-remèdes d'ailleurs, relève d'une certaine manière du non sens. En effet, on peut dire que dans la caverne, le mal politique n'existe pas et ne saurait avoir de remède, puisque la politique elle-même n'existant pas, elle ne saurait être viciée. Les lois ne servent à rien dans un monde où sans vie communautaire, elles sont inutiles. Vouloir guérir ce monde-là par des lois-remèdes serait alors un non sens, une absurdité. En fait de vérité politique

99 *Ibid.*

venue d'ailleurs, il s'agit d'une non vérité, d'une tentative fallacieuse de sauvetage, car entre ce qui doit être sauvé et les moyens utilisés à cette fin, il y a une non-adaptabilité à jamais irrémédiable. Dans ce sens, la formule de Jacques Rancière serait heureuse ici pour exprimer ce ressentiment d'Arendt par rapport à la philosophie politique de Platon : « La vérité de la philosophie politique est sa fausseté »[100]

La troisième étape de la critique est une suite logique des deux premières : elle établit de manière plus expressive le troisième degré de violence produit par le philosophe. Si Arendt dénonce l'élan mensonger de la philosophie politique, elle insiste surtout sur sa dangerosité. En effet si la caverne du mythe devient par transposition la caverne du monde des hommes, le monde commun des affaires humaines, la mission dévolue au philosophe qui est celle de faire appliquer les idées, ne peut que nécessiter une substitution du faire à l'agir, de l'œuvre à l'action. Le philosophe à l'instar de l'artisan doit procéder par imitation comme le menuisier qui fabrique le lit en s'inspirant du lit idéal : « Or nous avons ainsi l'habitude de dire que l'artisan de l'un ou de l'autre objet, c'est en portant le regard sur la forme, qu'il fabrique pour l'un des lits, pour l'autre des tables dont nous avons besoin[101] ». C'est donc en s'inspirant des Idées en tant que normes contemplées que le philosophe-roi doit modeler sa cité, instituant du même coup, une logique de fins et de moyens. Ainsi s'impose dans la politique, la notion de violence. En effet, de même que l'artisan fait violence à la matière sur laquelle il travaille pour la transformer en vue de lui donner une forme souhaitée, la table issue du bois brut par exemple, de même le philosophe doit faire violence à la matérialité de la cité pour lui donner une forme par imitation de la cité idéale.

---

100 Cité par M. ABENSOUR. *op. cit.*, p. 85.

101 PLATON, *La République*, 596b, Paris, Gallimard, 1993.

Le danger est ici très important d'autant plus que l'appréciation du degré de la violence nécessaire à l'action est laissée à la seule discrétion du philosophe qui en use seul selon son bon vouloir, laissant ainsi la porte grande ouverte à de possibles dérapages. Voilà comment la fin a toujours pu justifier les moyens en politique, et comment Arendt peut affirmer qu'à l'époque moderne, surtout à travers les systèmes totalitaires, au lieu de moyens proportionnels à la fin, on procéda à la glorification de la violence comme si elle était indispensable en politique, comme si elle était une fin bonne en soi. « La violence, sans laquelle ne se ferait aucune fabrication, a toujours joué un rôle important dans les doctrines et les systèmes politiques fondés sur une interprétation de l'action en termes de fabrication ; mais jusqu'à l'époque moderne, cet élément de violence est strictement instrumental, un moyen ayant besoin d'une fin qui le justifiât et le limitât, de sorte que l'on ne trouve aucune glorification de la violence en soi dans la tradition politique antérieure à l'époque moderne[102] ». Devant de tels constats, comment peut-on qualifier la philosophie politique, que Platon fait s'originer dans le connaître et le faire ? En d'autres termes, comment concevoir la contemplation des Idées éternelles (vérité de la politique), desquelles découle le modelage de la cité, sinon que cette contemplation est un instrument de domination, contrairement à ce qu'elle a toujours prétendu être ou à ce qu'on a toujours voulu faire d'elle? Pour Arendt, il ne peut en être autrement. En définitive, ce sont les hommes, ce sont les expériences humaines diverses, le commerce de l'homme avec l'homme dans l'ordinaire de la vie, la fragilité de leurs relations à travers la parole et l'action qui sont éludés de la philosophie politique : ce qui a disparu, c'est la *polis* qui « a fait de l'agora homérique, le centre de la *polis*, en tant qu'elle est le lieu de rencontre et

---

102 H. ARENDT, *CHM.*, p. 292.

de dialogue des hommes libres[103] ». Cette *polis* constitue une communauté d'individus égaux dont ne faisaient pas partie les Barbares et les hommes qui n'étaient pas libres, communauté de l'être-l'un-avec-l'autre et du parler-ensemble-de-quelque-chose, avec la seule force de la conviction et de la persuasion qui exclut toute contrainte et toute violence[104]. La substance est vidée de son contenu, ou plutôt, le contenu n'a plus de substance. L'agora en tant que lieu de rencontres et d'échanges entre hommes libres au sujet des affaires de la vie de la cité, et de la vie tout court, n'existe plus. Cela signifie exactement qu'elle continue d'exister comme place, mais sans les hommes dans leur pluralité irréductible en quête d'harmonie à travers le dialogue entre égaux. Les hommes sont absents de l'agora, et celle-ci ne représente plus que le fantôme d'elle-même.

La responsabilité de la philosophie dans les barbaries qui se sont produites au XX^{è} siècle est donc énorme et s'enracine dans le passé lointain de la philosophie politique occidentale depuis Platon. Arendt peut alors s'exclamer en ces termes : « Je soupçonne la philosophie de n'être pas tout à fait innocente quant à ce qui nous est donné là. Pas dans les sens naturellement où Hitler pourrait être rapproché de Platon. [...] Mais sans doute au sens où cette philosophie occidentale n'a jamais eu une conception du politique et ne pouvait en avoir parce qu'elle parlait forcément de l'homme individuel et traitait accessoirement de la pluralité effective[105] ». En fin de compte, il s'agit pour Arendt de dénoncer cette disparition de l'homme de l'horizon du politique. Cette disparition vide la philosophie politique de toute sa substance, en la

103 H. ARENDT, *QP?* p. 101.
104 *Ibid.*
105 Lettre du 4 mars 1951, *Correspondance H. Arendt/K. Jaspers, 1926-1969*, *op. cit.*, p. 244.

faisant dépendre d'un savoir venu d'ailleurs dont les spécialistes seraient les philosophes et par extension, tous les autres visionnaires des systèmes absolutistes. Ceux-ci sont familiers de la violence et de la répression pour contraindre et modeler la masse ignorante en fonction de normes extra politiques dont ils se sentent investis. Il s'agit des idéologues des systèmes totalitaires du XX^{è} siècle et de tout nationalisme exacerbé. Il s'agit aussi des idéologues d'aujourd'hui qui à travers l'extrémisme religieux veulent exiger des hommes une gestion des affaires humaines en fonction des lois célestes et divines. C'est dans l'élan de ce raisonnement que la conviction de Hannah Arendt croise celle d'Alexis de Tocqueville et dont elle relaye l'écho en le citant abondamment dans plusieurs de ses textes,[106] comme pour dire qu'il avait perçu avant elle, la dangerosité d'une telle conception philosophique, même s'il ne l'avait pas explicité de la même manière qu'elle.

En effet, pensant l'inédit de la barbarie des systèmes totalitaires du XX^{è} siècle, c'est vers Alexis de Tocqueville que Hannah Arendt se tourne pour emprunter les termes qui décrivent le mieux le procédé de ces systèmes absolutistes. Ces derniers se réfèrent à une logique implacable à l'œuvre au cœur de l'histoire humaine pour la conduire vers des desseins fixés à l'avance mais ignorés des hommes-marionnettes.

Mettant en lumière la propagande des mouvements racistes nazi et stalinien, dans *Le système totalitaire*, Arendt décrit les hérauts de ces idéologies comme des gens qui « assurent avoir découvert les forces cachées qui, dans la chaîne de la fatalité, leur seront providentielles[107] ». Elle poursuit en citant Tocqueville pour

106 J. KRISTEVA, *Le génie féminin. La vie, la folie, les mots. 1. Hannah Arendt*, Paris, Gallimard, 1999, p. 223.
107 H. ARENDT, *ST.*, p. 71.

préciser que les masses qu'elle décrit par ailleurs comme étant des foules apathiques et indifférentes aux devoirs et aux responsabilités de citoyen, se sentent fortement attirées par ce que d'après elle, Tocqueville appelle, « des systèmes absolutistes qui représentent tous les mouvements de l'histoire comme dépendant des grandes causes premières liées par la chaîne de la fatalité, et qui, pour ainsi dire, suppriment l'homme de l'histoire du genre humain[108] ».

Tocqueville (comme nous le verrons dans la partie suivante), ne cachait pas sa haine de toutes les philosophies déterministes qui se montraient capables de maîtriser l'histoire ou d'en prédire le cours grâce à des procédés dignes des sciences exactes. Pour lui, il faut reconnaître qu'il y a un rôle que joue le déterminisme dans l'histoire humaine, mais son impact dans ce domaine est de moindre importance par rapport à la grande part de liberté dont use l'homme pour construire sa destinée. « La providence n'a créé le genre humain ni entièrement indépendant, ni tout à fait esclave. Elle trace, il est vrai, autour de chaque homme, un cercle fatal dont il ne peut sortir ; mais, dans ses vastes limites, l'homme est puissant et libre ; ainsi des peuples[109] ». La confluence entre la pensée de Tocqueville et celle d'Arendt, se trouve ici exprimée par le rejet de tous les absolus philosophiques dans le domaine politique. Le vivre-ensemble est un art fragile entre les mains des différents protagonistes de la vie publique, et le secret de la réussite de cette vie est lié à un savoir-faire qui lui est toujours immanent et jamais transcendant. Les Idées de Platon qu'évoque Arendt trouvent ainsi leurs équivalents dans les systèmes absolutistes dont parle Tocqueville.

---

108 *Ibid.* Le texte de Tocqueville que cite Arendt, est *Souvenirs,* Paris, Gallimard, 1964, p. 84.
109 TOCQUEVILLE, *DA*, *(OC),* II, IV. 8, Gallimard, 1992, p. 853.

Si Tocqueville appelle à rompre la chaîne de fatalité des systèmes philosophiques, il aurait sans doute donné son accord au démantèlement qu'opère Arendt de la philosophie politique à partir du mythe de la caverne. A bien considérer la situation, l'allégorie de la caverne ne serait pas étrangère à l'interprétation fataliste de l'histoire que dénonce Tocqueville, même s'il n'y pas recours du point de vue méthodologique et épistémologique. Les Idées intelligibles ne sont pas moins éternelles avant leur découverte qu'après. Et si les hommes de la caverne ne possèdent pas la vérité de leur propre agir en lui-même sinon que dans les Idées, leurs actions temporelles et péremptoires ne peuvent être que traversées et guidées par ces Idées, dans la globalité de l'éternité. Le surgissement de la lumière des Idées dans la caverne fait découvrir brusquement aux prisonniers que leur vécu quotidien nourri d'ombres, trouve son intelligibilité dans le passé éternel des Idées. Ce passé éclaire non seulement le présent ténébreux, mais aussi le transperce pour illuminer le futur. Désormais le présent pour être vécu pleinement ou de manière authentique ne peut que se laisser guider par cette lumière qui oriente son futur. Dans ce sens, les Idées sont elles aussi une fatalité pour les hommes de la caverne. Bien plus que cela, elles sont la source, l'origine de toutes les interprétations fatalistes qui émaillent l'histoire de la philosophie politique avec pour corollaire la violence comme prix à payer.

Si pour Arendt, c'est la pensée du totalitarisme qui lui a permis de débusquer le rôle négatif de la philosophie dans la politique, pour Tocqueville, ce sont les violences de la Révolution française qui l'ont conduit aux mêmes conclusions : « N'oubliez jamais le caractère philosophique de la Révolution française, caractère principal quoique transitoire [110] ». Et comme Arendt analysant le rôle du philosophe de la caverne, Tocqueville incrimine les philosophes parce qu'ils vivaient en marge de la société tout en voulant la penser. Synthétisant la pensée de Tocqueville à ce propos, Pierre Birnbaum dit que ces philosophes ne vivaient pas au contact de la réalité, qu'ils ne possédaient ni richesse ni pouvoir, ni responsabilité et que par là même, ils ignoraient l'extrême complexité du système social et son fragile équilibre. En effet affirme Tocqueville, « Tous pensent qu'il convient de substituer des règles simples et élémentaires, puisées dans la raison et dans la loi naturelle, aux coutumes compliquées et traditionnelles qui régissent la société et leur temps. »[111] Et il ajoute aussitôt qu'« ils étaient naturellement conduits à vouloir rebâtir la société de leur temps d'après un plan entièrement nouveau, que chacun d'eux traçait à la lumière de sa raison...aucune expérience ne venait tempérer les ardeurs de leur naturel[112] ». Qu'il s'agisse chez Arendt de la contemplation qui commande le comportement du philosophe dans l'allégorie de la caverne, ou qu'il s'agisse chez Tocqueville de la lumière de la raison du philosophe comme norme et référence en politique, nous aboutissons au même constat : l'incompétence ou la disqualification du philosophe à s'occuper des choses politiques à cause de son positionnement extra-politique.

Au regard de tout ce qui a été dit dans les pages précédentes, il appert que l'une et l'autre analyse de Tocqueville ou d'Arendt, appliquée au domaine politique, conduit au même résultat : une vacuité exprimée par l'absence des hommes dans l'agir politique due à une autorité coercitive imposée de l'extérieur. Une telle situation provoque les mêmes conséquences désastreuses

110 TOCQUEVILLE, *AR.*, Paris, Gallimard, 1952, t. 2, p. 239.
111 *Ibid.*, p. 194.
112 *Ibid.*, p. 195.

d'oppression des hommes qu'on traite comme du bétail, parce qu'on aura pris soin en amont de supprimer en eux la liberté de penser et d'agir par eux-mêmes, liberté sans laquelle un début de vie politique même élémentaire n'existe pas.

II. Une pensée en rupture : la pluralité comme remède à la violence

Une particularité commune aux deux philosophes est la conviction qu'ils ont chacun de pratiquer une philosophie de rupture par rapport aux normes traditionnelles de la philosophie politique. L'expérience politique vécue par chacun commandait de repenser la philosophie pour la débarrasser de schèmes désuets ou générateurs de germes anti-démocratiques. Comme susmentionné, la première expérience qui sert de matrice de pensée concerne la Révolution française et ses aléas porteurs d'instabilité et d'arbitraire dont Tocqueville est un témoin privilégié. De ce fait, il tente d'en comprendre les échecs à partir de son analyse minutieuse de la démocratie américaine fondée sur le système égalitaire. La seconde expérience est relative aux grands bouleversements sociaux politiques du XX^{è} siècle qui ont pris au dépourvu la pensée philosophique, et à laquelle se réfère constamment Arendt. Face à ces situations, Tocqueville comme Arendt ont spontanément compris que la pensée politique traditionnelle elle-même n'était pas étrangère à ces dérapages, et qu'il nécessitait désormais de mener une pensée de rupture. Même si ce concept de rupture ne revêt pas tout à fait le même contenu chez l'un et chez l'autre, il signifie chez tous les deux une volonté de concevoir une nouvelle pensée qui puisse bouter la violence hors du champ politique.

Si Tocqueville affirme qu' « il faut une science politique nouvelle à un monde tout nouveau [113] », c'est qu'il a conscience d'être un novateur en la matière. Il se sent porteur d'une conception nouvelle de la philosophie de l'histoire, par opposition à toutes les autres prônées notamment par Rousseau, Montesquieu, Hegel, Saint Simon, Auguste Comte et Guizot. S'il faut aller à l'essentiel en évitant de détailler ces différentes sciences de l'histoire de cette époque, (entreprise qui ne nous semble pas d'un grand intérêt pour notre présent propos), nous dirons que la philosophie de l'histoire de Hegel semble être comme le catalyseur de toutes les autres. En effet, « tout se passe comme si l'époque était spontanément hégélienne ou, pour le dire autrement, comme si Hegel était celui qui avait poussé jusqu'à la plus grande conceptualisation et aussi jusqu'à la plus grande abstraction ce qui se cherche dans les productions théoriques de la modernité naissante, leur servant, aujourd'hui comme hier, de révélateur par son caractère idéal-typique[114] ». En substance, cette philosophie de Hegel fait appel à la marche de la Raison dans l'histoire et tente de réconcilier l'humain et le divin dans une démarche où se mêlent transcendance et immanence. Elle est marquée par un fort accent très déterministe, contrairement à la science politique et à l'histoire à l'ancienne qui accordait beaucoup d'importance à l'accidentel et l'événementiel. Tocqueville hérite de toutes ces conceptions antérieures mais la manière nouvelle qui régit sa compréhension de l'histoire est qu' « il s'agit de ''regarder les affaires des hommes par masse'' et d'aller au-delà des ''fatras'' des événements pour en dégager les ''idées mères'' [115] ». Les faits sociaux

113 TOCQUEVILLE, *DA* I, Introduction, Gallimard, 1992, p. 8.
114 A. ANTOINE, *op.cit.*, p. 246.
115 *Ibid.*, p. 248.

qui tissent la trame de l'histoire humaine ont leur propre intelligibilité qu'il s'agit d'appréhender de l'intérieur.

Fort de cette conviction, il va en guerre contre toutes ces interprétations qui donnent au déterminisme un rôle capital dans le devenir historique des sociétés humaines. Le passage suivant exprime la véhémence avec laquelle il s'insurge contre ces philosophies : « je hais pour ma part, ces systèmes absolus, qui font dépendre tous les éléments de l'histoire de quelques causes premières se liant les unes aux autres par une chaîne fatale, et qui suppriment, pour ainsi dire les hommes de l'histoire du genre humain. Je les trouve étroits dans leur prétendue grandeur, et faux sous leurs airs de vérités mathématiques[116] ». Le grand reproche que notre philosophe fait à ses prédécesseurs, c'est d'oublier le rôle important que jouent les hommes dans la construction de leur propre histoire. De plus, selon ces philosophes, l'histoire humaine serait régie par une «chaîne fatale » qui ne donne aucune place au hasard qui est pourtant pour Tocqueville un élément déterminant dans l'édification de l'histoire. « Je crois [...] que beaucoup de faits historiques importants ne sauraient être expliqués que par des circonstances accidentelles, et que beaucoup d'autres restent inexplicables ; qu'enfin le hasard ou plutôt cet enchevêtrement de causes secondes que nous appelons ainsi faute de savoir les démêler, entre pour beaucoup dans ce que nous voyons sur le théâtre du monde ; mais je crois fermement que le hasard n'y fait rien qui ne soit préparé à l'avance[117] ». Au regard de ce qui vient d'être dit, il convient selon Tocqueville d'accorder une importance conséquente au double trait du hasard et de l'action humaine pour comprendre ce qui tisse la trame des processus sociaux. Mais il faut affirmer qu'à bien considérer les choses, Tocqueville privilégierait volontiers le rôle

---

116 TOCQUEVILLE, *Souvenirs,* Paris, Gallimard, 1978, p. 112.
117 *Ibid.*, pp. 112-113.

primordial accordé à l'action humaine plutôt qu'au hasard dans l'édification de l'histoire humaine. Dans le passé, l'influence de la philosophie hégélienne avait conduit la plupart des philosophes à surestimer le rôle du hasard, ou si l'on veut, des faits apparemment sans lien entre eux mais qui déterminent l'histoire parce que l'Esprit téléguide ou coordonne tout cela. Là où une observation profane mettrait a priori l'accent sur le hasard des faits, Hegel voit l'œuvre d'une Intelligence qui organise tout le cours de l'histoire, malgré les faits apparemment impromptus. Désormais, il s'agit dans la « science politique nouvelle » dont Tocqueville se sent le dépositaire, d'inverser les valeurs au profit de l'action humaine et de montrer en quoi elle est déterminante dans le déroulement de l'histoire. Aucune cause extérieure aux hommes ne saurait prendre le dessus sur leurs propres comportements, leur volonté et leur détermination. Au cœur de la trame de l'histoire humaine, se situe non plus le hasard apparent qui est en fait guidé par l'Esprit, mais les motivations et les projets des êtres humains.

Cependant, le rôle accordé au hasard dans la science de l'histoire, n'est pas éludé. La pensée de Tocqueville laisse sous-entendre que s'il faut considérer les hommes comme les acteurs exclusifs de l'histoire en dehors de toute évocation d'esprit malin qui la manipulerait, selon une logique déterminée, quelque chose néanmoins serait en dehors de leur possession, dépasserait leur pouvoir et qui s'appelle le hasard. Il n'est pas un déterminisme, en ce sens que le libre jeu des événements situés dans le temps et l'espace, et apparaissant fortuitement, peut influer d'une manière ou d'une autre sur le cours de l'histoire, mais de manière impromptue et non rationnellement structurée. Ces faits fortuits s'affirment toujours dans une nouveauté radicale parce que justement imprévus et imprévisibles. Cependant, ils ne surgissent pas du néant. Ils s'originent dans certains éléments antérieurs constitutifs de la société, même s'ils ne peuvent en être déduits a priori. Cela signifie qu'on ne pourrait pas, à l'instar du démon de Laplace, à partir d'éléments historiques d'une société en un instant donné, être capable de faire des projections rigoureusement précises pour l'avenir.

L'histoire humaine n'est pas de l'ordre des sciences dites exactes qui peuvent procéder rigoureusement par déduction. Le hasard reste donc un élément irréductible dans ce qui forge l'histoire humaine. Il est une sorte de pendant de l'agir humain, sa part de contingence qui lui est inhérente. Ainsi par exemple, Tocqueville voit que l'agir de l'homme dans un processus de continuité, favorise l'avènement de la démocratie. Cependant, une telle orientation dynamique peut être mise en échec par des événements historiques relevant de la contingence. Pour lui, l'histoire n'est donc ni hasard ni nécessité. Elle relèverait en quelque sorte des deux réalités auxquelles il faut nécessairement associer le rôle primordial des idées humaines. « Il repousse ceux qui voient l'histoire comme déterminée par des volontés individuelles et ceux qui la voient comme produite par des forces sociales. La nouvelle science politique qu'il envisage et qu'il illustre marque sur ces points une rupture avec ses contemporains et une avance sur eux[118] ».

L'idée force introduite ici par Tocqueville qui s'impose dans sa nouveauté, c'est la part belle faite aux hommes et à leurs idées dans l'évolution historique. Bien que grand admirateur de Montesquieu et de Rousseau et plus proche de leurs idées que de celles d'autres philosophes, Tocqueville se démarque de l'un et de l'autre, parce que Montesquieu tout en ayant fait une étude intéressante sur les conditions qui établissent les différents

---

118 R. BOUDON, *op.cit.*, pp. 25-26.

régimes politiques, n'évoque que discrètement le rôle que jouent les êtres humains dans son œuvre *De l'esprit des lois.* « Tocqueville comme Montesquieu veut rendre l'histoire intelligible, mais il ne veut pas supprimer l'histoire[119] ». Montesquieu fait appel aux hommes pour bâtir sa science politique véritablement nouvelle, mais il s'agit d'hommes considérés de manière générale et abstraite mais non appartenant à des contextes sociaux politiques particuliers[120].

Pour l'auteur de *De la démocratie en Amérique*, si on ne peut négliger le rôle des idées dans l'évolution historique, il est par ailleurs indispensable de se poser la question de savoir si l'état social est le résultat des idées des hommes ou si ce sont ces idées qui résultent de l'état social. Il est clair selon lui, que ce sont les idées qui sont premières et les faits en découlent. Cependant, cette primauté des idées ne travaille pas l'histoire selon une logique implacable comme le prétend Hegel. Les idées ne s'expriment pas à travers les faits dans leur pureté originelle. En s'incarnant dans la matière sociale, elles sont travaillées par elle au point qu'idées et matière s'enchevêtrent pour produire l'histoire dans un processus dialectique de transcendance et d'immanence successives. En d'autres termes, les idées sont premières mais ne prouvent leur importance, leur efficacité et leur efficience que dans la mesure où elles s'incarnent dans la matière sociale. Cette dernière apparaît donc comme le réceptacle, ou le corps sans lequel, elles seraient invisibles et inopérantes.

D'autre part, ces idées premières ne s'incarnent pas toujours spontanément dans l'état social mais doivent parfois patienter de trouver historiquement un terrain

---

119 R. ARON, *Les étapes de la pensée sociologique,* Paris, Gallimard, 1967, p. 202.
120 R. BOUBON ,*op.cit.*, p. 29.

favorable à leur mise en application. Il en est ainsi de l'idée chrétienne d'égalité, qui en tant que fondement de la démocratie, ne trouva pas sa réalisation avec la naissance du christianisme, mais à une époque où les conditions socio-historiques le permettaient. C'est pourquoi il est tout à fait dangereux de tenter par volontarisme politique, de faire passer de manière abrupte les idées dans la réalité politique. Ce fut la manière de procéder de la Révolution française dans son expression violente, ce fut surtout celle des révolutions communistes ou de certaines politiques totalitaires. Hannah Arendt, comme nous l'avons vu, décela le principe directeur de telles politiques qu'elle voit s'originer chez Platon, avec l'idée du philosophe-roi se donnant pour tâche de modeler la réalité sociale selon un ordre idéal. Il est encore tout aussi dangereux de maintenir des idées anachroniques, quand la réalité appelle d'autres développements. Ce dernier cas de figure pourrait évoquer le conservatisme manifesté par le refus d'ouverture au changement et à la nouveauté dans lequel s'était enfermé l'Ancien Régime. Pendant que les idées nouvelles que constituaient les aspirations à l'égalité et à la liberté se faisaient sentir partout dans la société française, ce Régime se recroquevillait pour sauvegarder ses acquis et ses prérogatives.

Si Tocqueville conçoit d'après ce qui précède que les idées sont premières et que le fait social en est l'incarnation, en quoi sa position diffère-t-elle alors de celle des philosophes fatalistes ou déterministes qui pensent que les idées mènent le monde, et qui leur accordent une place prééminente dans l'explication des phénomènes historiques? Pour lui, leur erreur ne réside pas dans la mise en avant des idées mais dans le fait de les utiliser dans une perspective théologique, de cause première et de finalité, et de retomber ainsi dans ce qu'ils reprochaient à la théologie chrétienne de l'histoire. La prééminence des idées n'est valable que dans la mesure où elles servent à expliquer les phénomènes historiques dans la logique d'une dialectique où s'alternent immanence et transcendance[121].

On peut alors aisément comprendre que la Révolution française qui illustre cette dangerosité de faire s'incarner les idées par volontarisme politique, n'a été selon Tocqueville que manifestation de pure violence. En effet, les idées qu'elle a contribué à faire mettre en place ne sont pas les fruits de son invention, mais préexistaient avant elle. En amont, les différentes mœurs et institutions politiques, les unes à la suite des autres, comme par pallier, se dirigeaient vers l'égalité et la liberté politiques prônées par la Révolution. Partant de ce constat, Tocqueville peut affirmer que la Révolution n'a été que « la terminaison soudaine et violente d'une œuvre à laquelle dix générations d'hommes avaient travaillé. [...] La Révolution a achevé soudainement par effort convulsif et douloureux, sans transition, sans précaution, sans égards, ce qui serait achevé peu à peu de soi-même à la longue[122] ». Ces lignes qui précèdent montrent en clair qu'avant la Révolution, préexistait l'incarnation-transcendance successive des idées qu'elle a défendues, mais que c'est seulement l'analyse de l'histoire séculaire qui l'a précédée qui permet de s'en rendre compte. En ce sens, Tocqueville, comme dirait Raymond Boudon, est l' « inventeur de la sociologie historique[123] ».

Si en partant de ce qui vient d'être souligné concernant la philosophie de Tocqueville, on peut se risquer à une hypothèse, on pourrait dire que sa pensée en rupture n'a été rendue possible que grâce aux événements historiques qui ont marqué sa vie personnelle. Tout se

---

121 *Ibid.*, p. 252.
122 TOCQUEVILLE, *ARR*, p. 96.
123 R. BOUDON, *op. cit.*, p. 26.

passe alors comme si en matière de politique, l'événement avait un rôle irréductible car il donne à penser et à questionner tout ce qui est relatif à lui. Dans ce sens, plus l'événement est inédit, c'est-à-dire plus son apparition dans la sphère politique ébranle les assises de la « *polis* » d'une manière tout à fait nouvelle et détruit profondément ses repères traditionnels, plus il impose de rompre avec les canaux habituels de penser. Ce réflexe certes, n'est pas donné à tous mais à certains grands esprits tel que fut Tocqueville, face à la Révolution française et à son déploiement dans les situations politiques ultérieures. Un siècle après, tel sera aussi le cas de Hannah Arendt pensant l'inédit de la deuxième guerre mondiale.

Dans *« Les origines du totalitarisme »,* œuvre éditée en 1951, Hannah Arendt avait un projet qu'elle ne réalisera que dans *« La vie de l'esprit »*, œuvre inachevée publiée à titre posthume en 1978 : « La raison, non la moindre, pour laquelle je me suis donné de la peine de déceler les composantes des formes de gouvernement totalitaire est de nettoyer de tous soupçons la tradition occidentale de Platon jusqu'à Nietzsche inclus[124] ». N'entendons surtout pas dans l'expression « nettoyer de tout soupçon », une volonté de blanchir la philosophie occidentale en arguant du fait que le totalitarisme est une non philosophie ou un refus de philosopher, mais que la philosophie, peut-être à son corps défendant, a été porteuse des germes qui ont fait émerger le totalitarisme. Pour Arendt, constat peut être fait que les systèmes totalitaires avaient rendu les différentes typologies politiques inopérantes. C'est sans doute à cause de cela, qu'il faut comprendre le refus de notre auteur de se laisser désigner par la terminologie de philosophe. Ce refus, elle l'exprime dans son entretien avec Günter Gaus : « Je n'appartiens pas au cercle des philosophes. Mon

124 Lettre du 4 mars 1951, *Correspondance Hannah Arendt/Karl Jaspers 1926-1969*, *op. cit.*, p. 244.

métier, pour m'exprimer de façon générale, c'est la théorie politique. Je ne me sens nullement philosophe et je ne crois pas non plus que j'aie été reçue dans le cercle des philosophes contrairement à ce que vous me dites fort aimablement [...]. Il y a déjà longtemps que j'ai définitivement pris congé de la philosophie[125] ». Elle déclarera même qu'elle est surtout mue par une volonté de comprendre ce qui s'est passé. Cette volonté relève pour elle d'une quête existentielle propre à la victime du nazisme qu'elle était, et cela créait une différence énorme par rapport à n'importe quel théoricien politique ordinaire non concerné par cet événement. Cela l'amène d'ailleurs à refuser même par la suite le terme de théoricienne politique qu'elle trouvait inappropriée à sa situation, car dit-elle « ce besoin [de comprendre] est beaucoup plus fort en moi qu'il ne l'est chez les théoriciens politiques[126] ». En effet, ayant été victime de ces systèmes, ce qui la motive davantage au-delà de la théorie politique, c'est ce désir de comprendre ce qui a pu conduire à ce qu'on pourrait appeler l'innommable.

Ainsi *« La vie de l'esprit »* est une volonté de repenser à neuf les concepts philosophiques traditionnels qui sont devenus caducs face à la nouveauté radicale du présent. La modernité se traduisant par une « perte du monde », c'est-à-dire de la sphère publique de l'apparence au profit de l'introspection de la sphère privée héritée de Platon, comme nous l'avons analysé dans les lignes précédentes, exige cette pensée à neuf de la philosophie. Jean Claude Poizat résume assez bien l'attitude et les motivations de la pensée d'Arendt : « La pensée d'Arendt exprime un double refus : non seulement la pensée politique ne saurait se réduire à la détermination des conditions

125 H. ARENDT, *TC*, p. 221.
126 H. ARENDT, *The Recovery of the public world,* ouvrage collectif, éd. Melvyn A. Hill, Saint-Martin Press, 1979, p. 303.

formelles d'exercice du pouvoir (c'est-à dire à la “ théorie politique”) mais , de plus, il n'est plus possible d'arrimer la pensée politique à des normes supra-humaines et anhistoriques (comme le prétend la “philosophie politique”)[127] ». Pour résumer les choses sans nous encombrer de détails, on peut dire que le plus grand reproche qu'Arendt fait aux penseurs professionnels, c'est de s'isoler du monde et d'adopter ainsi une pseudo-neutralité par rapport aux affaires du monde. Mais alors même qu'ils sont coupés des affaires du monde en s'exilant nécessairement pour cogiter, ils ne sont pas épargnés de la tentation de vouloir en sortir pour rejoindre ces affaires, mais en empruntant des raccourcis, tout comme le prisonnier libéré de l'allégorie de la caverne. Ces chemins hâtifs empruntés les conduisent brutalement de la pensée à l'action, faisant de l'action une sorte de prolongement de la pensée. Une telle attitude relève selon elle d'une « déformation professionnelle »[128] qui se traduit par la volonté de sortir de leur retraite pour voler au secours du monde en perdition qu'ils se donnent le devoir de sauver.

Cependant l'expérience montre qu'une telle entreprise se solde toujours comme nous l'avons vu précédemment par la tyrannie du fait d'une difficulté à concilier pensée et action. Cela est dû non pas à une inadéquation entre la philosophie et la politique, mais à la manière de philosopher. Si la philosophie à son corps défendant a été un instrument de violence, il s'agit de revenir à la vieille manière de penser qui avait cours avant Platon : celle menée par Socrate. Tout l'enjeu consiste à faire désormais en sorte que la pensée et l'action ne soient plus deux activités séparées. Pour Arendt, il s'agit désormais de concilier ces deux activités apparemment séparées. Comme le dit Jean Claude Poizat, toute l'entreprise réside

127 J-C.POIZAT, *op. cit.*, p. 172.
128 H. ARENDT, *VP,* p. 320.

dans ce questionnement : « Comment faire pour ne pas « aplatir » la pensée dans l'action, ou, à l'inverse, pour ne pas « écraser » l'action sous le poids de la pensée? Comment concevoir d'un côté, une pensée active et, de l'autre, une action qui s'apparente à une forme de pensée ? Si toute pensée est rétrospective et solitaire, comment l'homme qui est pris « dans le feu de l'action », et qui vit au milieu des autres, pourrait-il s'en inspirer? Inversement, si l'agir est toujours marqué par la concertation et la pluralité, mais aussi par l'imprévisibilité et le risque, n'est-ce pas un luxe réservé à quelques rares élus que de se pouvoir réfugier dans la tour d'ivoire de la philosophie? Telles sont les questions qui orientent l'œuvre d'Arendt, en quête d'une nouvelle pensée politique[129] ».

Pour réaliser un tel projet, Hannah Arendt se propose « de mettre en pièce » et de « démanteler la métaphysique[130] ». La question de fond qui se pose à la philosophie de l'après-guerre se résume en ceci : comment continuer de philosopher après Auschwitz? Pour répondre à cette question, elle commence par rejeter l'analyse de Théodor Adorno de l' « Ecole de Francfort » qui a une perception heureuse des choses en professant que la philosophie devrait avoir pour unique but après la seconde guerre mondiale, de « penser et d'agir en sorte qu'Auschwitz ne se répète pas[131] », mais qui affirme qu'Auschwitz aurait prouvé de façon irréfutable, l'échec de la philosophie. Arendt par contre introduit une nuance en précisant que le nazisme ne résulterait uniquement que de la faillite de la philosophie, de sa déchéance, et non pas qu'elle en serait sciemment la productrice, celle qui l'enfante. Elle refuse aussi la démarche de Léo Strauss, nostalgique de

129 J-C. POIZAT, *op. cit.*, pp. 173-174.
130 H. ARENDT, *VE.*, p. 237.
131 Th. W. ADORNO, *Dialectique négative*, 1966, trad. Collective, Paris, Payot, 1978, p. 286.

l'antiquité qui condamne la modernité au nom de la philosophie antique grecque et romaine, en préférant la figure emblématique du philosophe-roi de Platon qui même dans les temps modernes donnerait des lois justes à la cité.[132] En définitive, Arendt se sent héritière de la philosophie de l'existence qui refuse la prééminence de l'homme abstrait (l'ontologie), domaine de la métaphysique héritée de Platon, au profit de l'homme concret de l'anthropologie dont Socrate pourrait être un lointain ancêtre, par sa manière de penser au cœur de la cité. Arendt reconnaît sa dette vis-à-vis de cette philosophie de l'existence. En définitive, en plus de l'existentialisme dont elle hérite, Arendt se tourne surtout vers la phénoménologie pour réaliser cette pensée à neuf de la philosophie. En effet, l'erreur de fond commise par la philosophie occidentale depuis Platon est, rappelons-le, celle d'avoir complètement oublié que « la pluralité est la loi de la terre [133] », et en faisant en sorte que tout soit rapporté « à un arrière monde d'idées vraies. Ainsi, la diversité du monde humain est pensée à partir de concepts synthétiques et unifiants. Et l'ensemble des êtres peut être rangé à son tour sous un commun dénominateur, permettant d'embrasser le tout du monde sous une seule idée[134] ». Cet effort d'unification de la diversité en un tout unifiant « l'Un Bien » chez Platon ou Dieu dans le christianisme, est ce qui constitue aux yeux d'Arendt, l'argument fallacieux de la métaphysique qu'il s'agit de démanteler. Pour ce faire, la démarche philosophique qui lui semble la plus appropriée est la phénoménologie mais pas à la manière de Hegel ou de Husserl, car rappelle-t-elle : « Je suis une sorte de

---

132 *Ibid.*
133 H. ARENDT, *VE.*, p. 34.
134 J-C. POIZAT, *op. cit.*, p. 185.

phénoménologue, mais ach, pas à la manière de Hegel et de Husserl [135] ».

Son désaccord avec Hegel se situe dans le fait qu'il ait voulu tout systématiser et tout unifier à travers sa philosophie centrée sur la Raison comme principe du monde et de l'histoire, actualisant ainsi de manière radicale la référence à l'« Un » de la métaphysique, véritable auteur de l'histoire, l'homme n'étant qu'un simple acteur jouant un rôle qui lui est dicté. En cela, nous pouvons reconnaître une affinité d'appréciation avec Tocqueville qui, rappelons-le, s'était dressé contre cette vision de Hegel, comme nous l'avons évoqué précédemment. Concernant Husserl, elle lui reconnaît le fait d'être allé contre la philosophie de Hegel, en refusant de faire de l'homme une sorte de marionnette de l'histoire, et en prônant un retour aux choses-mêmes pour les expliquer. Il rejette ainsi toute autre forme d'explication qui serait d'ordre métaphysique : la vérité est d'ordre phénoménal. De cette manière, il a en effet redonné à l'homme la place qui est sienne en faisant de lui « le sujet de ses propres pensées et non le simple ''produit'' de processus qui le déterminent à son insu[136] ».

La phénoménologie de Husserl révèle en effet l'« intentionnalité » de notre conscience, c'est-à-dire la capacité qu'elle a de se rapporter à des objets transcendants. Cette conscience procède de certaines « essences » ou « objets idéaux », car elle est une conscience pure pourvue d'intentionnalité. « L'originalité de la phénoménologie consiste à admettre que toute connaissance est vision d'une essence, d'une forme absolue, sans pour autant reconnaître avec Platon l'existence d'un univers particulier d'essences[137] ». L'objet de toute connaissance est toute

135 E. YOUNG-BRUEHL, *op. cit.*, p. 531.
136 J-C. POIZAT, *op. cit.*, p.188.
137 S. AUROUX, Y. WEIL, *Dictionnaire des auteurs et des thèmes de la philosophie*, Paris, Hachette Education, 1994, p. 203.

chose qui se livre dans sa « phénoménalité », mais la source de la connaissance est l'intentionnalité de la conscience comme capacité hégémonique. Le moi transcendantal ou conscience pure est ce qui, au delà du donné immédiat de l'apparence, est capable de cerner la chose dans ses différentes facettes, dans son essence même. Si Platon fait appel au monde intelligible pour atteindre l'essence des choses, Husserl lui, fait appel à l'intentionnalité de la conscience. Ce faisant, le sujet pensant, auteur de connaissance, même s'il ne fait pas appel à un arrière-monde pour expliquer les choses, évolue néanmoins dans le cadre d'un solipsisme et se trouve dans l'impossibilité de penser le monde commun aux hommes. C'est pourquoi aux yeux d'Arendt, la phénoménologie husserlienne, fondée sur le moi transcendantal, condition de toute connaissance sensible, ne peut appréhender le sens d'une réalité phénoménale marquée par la condition de pluralité.

La phénoménologie manque ainsi le sens d'être du monde caractérisé intrinsèquement par la pluralité. La phénoménologie dont Arendt se réclame est donc tout autre : elle est celle de l'espace politique d'apparence. Sa phénoménologie est politique. Ainsi préfère-t-elle la démarche de Merleau-Ponty dont la phénoménologie est centrée sur la "matérialité" des phénomènes eux-mêmes, et qui fait l'éloge de l'apparence assimilée à la « surface », opposée à l'être et à la « profondeur[138] ». Ce qui se donne à connaître vraiment, ce sont les apparences. Leur vérité est à rechercher dans leur donné immédiat et non au-delà. « La phénoménologie nous met sur la voie d'une pensée qui demeurerait attentive à la réalité humaine et qui demeurerait proche du ‘‘sens commun’’ [139] ». Toutefois pour Arendt, Merleau-Ponty reste encore arrimé aux « arguments fallacieux » de la métaphysique en faisant

138 J-C. POIZAT, *op. cit.*, pp. 190-191.
139 *Ibid.*, p. 193.

appel à la notion de l'âme. Il reste de ce fait toujours englué dans le schéma traditionnel de la dualité âme et corps.

Hannah Arendt préconise alors une phénoménologie centrée sur les apparences, car dans le cadre d'une pensée du politique, la phénoménologie ne peut être conçue que comme philosophie de la pluralité qui caractérise le monde. En effet, « il n'est rien au monde ni personne dont l'être même ne suppose un spectateur. En d'autres termes, rien de ce qui existe, dans la mesure où cette chose paraît, n'existe au singulier ; tout ce qui est, est destiné à être perçu. Ce n'est pas l'homme mais les hommes qui peuplent notre planète. La pluralité est la loi de la terre[140] ».

Pour tenir compte de ce donné irréductible qu'est la pluralité dans la pensée politique, Arendt trouve sa planche de salut en Socrate qui représente pour elle le penseur politique par excellence, « l'exemple d'un penseur non professionnel en qui se fondent deux passions apparemment contradictoires, la pensée et l'action [...] un individu également à l'aise dans les deux domaines et capable de passer de l'un à l'autre avec la plus grande aisance apparente, de la façon dont chacun de nous va et vient sans cesse des faits d'expérience quotidienne dans le monde des phénomènes, au besoin d'y réfléchir[141] ». Dans l'*Apologie de Socrate*, écrite par Platon que nous citons en bas de page, Socrate se présente lui-même en effet comme un homme qui mène deux activités contradictoires : il prétend d'une part que son activité, celle du penseur-éveilleur de conscience dans les rues d'Athènes est la plus importante pour la vie de la cité, et qu'elle est en même temps d'autre part, celle qui lui est la plus étrangère, parce qu'elle le maintient en tant que penseur dans les affaires de

140 H. ARENDT, *VE*, p. 34.
141 *Ibid.*, p. 191.

la cité, alors que c'est la solitude qui est requis pour son état.[142] Cela fait de la pensée de Socrate, une pensée en tension entre la plongée dans les affaires du monde, et le retrait favorisant une prise de distance nécessaire par rapport à elles. Une telle pensée à deux visées contradictoires n'est possible que grâce à la manière de penser de Socrate qui consiste à mettre continuellement en cause les idées reçues, à éveiller la conscience de chaque citoyen face aux réalités de la vie. Pour ce faire, en usant de métaphores, Socrate se présente lui-même volontiers comme un taon qui aiguillonne les consciences de ses concitoyens pour les éveiller ; comme une sage-femme qui aide les autres à accoucher des idées bonnes ou mauvaises qu'ils portent en eux-mêmes ; et comme une raie torpille qui paralyse la pensée des autres et la sienne propre par ses questions qui n'apportent aucune réponse, mais qui au contraire conduisent toujours à une impasse[143]. Cependant, il s'agit d'une impasse qui ne fige pas, mais elle inquiète et relance sans cesse la pensée vers des horizons nouveaux ouverts aux multiples possibilités. Quand Socrate aborde ses concitoyens, « aucun des arguments logoi, ne tient en place ; ils bougent sans arrêt. Et comme c'est Socrate, en posant des questions dont il ne connaît pas les réponses, qui les met en mouvement, quand le cercle est bouclé, c'est

---

142 Que je sois justement ce que devait être un homme donné à la ville par le dieu, vous pouvez le reconnaître en ceci, c'est qu'il y a quelque chose de plus qu'humain dans le fait que j'ai négligé toutes mes affaires et que je les laisse en souffrance depuis tant d'années pour m'occuper sans cesse des vôtres, m'approchant de chacun de vous en particulier, comme un père ou un frère aîné, et le pressant de s'appliquer à la vertu. ».[Et il ajoute plus loin :] « Il faut absolument, quand on veut combattre réellement pour la justice et si l'on veut vivre quelque temps, se confiner dans la vie privée et ne pas aborder la vie publique » Platon, *Apologie de Socrate*, Paris, Flammarion, trad. Chambry, 1965, pp. 43-44.
143 J-C. POIZAT, *op. cit.*, p. 198.

généralement encore lui qui offre, avec bonne humeur, de repartir à zéro et d'essayer de trouver ce que sont la justice, la piété, le savoir ou le bonheur[144] ». Selon Arendt, la spécificité de la démarche de Socrate réside dans le fait qu'elle est une méditation, et diffère ainsi de la contemplation qui cherche à atteindre les vérités intellectuelles et intelligibles. Elle diffère aussi de la délibération qui poursuit une finalité concrète, orientée vers une prise de décision. Elle n'est pas non plus une sorte de prudence politique ou « *phronesis* », tournée uniquement vers des questions politiques.

La spécificité de sa démarche réside dans le fait qu'elle allie la pensée qui nécessite toujours un recul par rapport aux choses, leur mise à distance dans le processus de méditation, et l'agir politique à travers le dialogue qui interpelle chacun, qui éveille la conscience de chacun en le mettant en mouvement. La méthode socratique a les élans de la pensée professionnelle dans le sens où elle est un questionnement permanent des choses, et permet ainsi la remise en cause des idées reçues et des opinions toutes faites. Elle prend aussi des allures de l'engagement politique individuel et collectif, dans la mesure où personne ne peut plus vivre ou voir les choses comme avant, parce que chacun porte en lui des interrogations qu'il n'avait pas avant. Personne ne peut plus vivre de manière inauthentique en s'enfermant sur lui-même et sur ses propres convictions sans s'ouvrir aux autres et être attentifs à leurs opinions. Chacun est bousculé dans sa pensée et dans son agir, et l'ensemble de la société avec lui. Plus aucune conviction ne tient en place. Tout est en mouvement continuel : il s'agit d'un ajustement permanent des différentes opinions isolées, gage d'un vivre-ensemble équilibré.

---

144 H. ARENDT, *VE*, p. 194.

Françoise Collin a mis en évidence deux écueils que la méthode socratique permet aux hommes d'éviter : la pensée par défaut de l'homme ordinaire et la pensée par excès du philosophe.

Le premier écueil guette l'homme ordinaire tel que Eichmann qui n'a plus aucune expérience personnelle sinon celle communément admise quelle qu'en soit la teneur. Il est incapable d'un repli dans la forteresse intérieure de sa conscience pour apprécier par lui-même les choses et s'en faire une opinion personnelle. Il agit et pense par les autres. Il mène par conséquent une vie superficielle et inauthentique, c'est-à-dire une vie marquée par l'absence de pensée. L'homme qui s'abstient de penser par lui-même est un être dégradé (puisque la pensée fonde son essence), et il constitue un danger pour les autres, s'il s'avère être un acteur politique tel qu'était Eichmann. En effet, un tel personnage ne pouvait qu'être une marionnette de l'idéologie ambiante qu'était le nazisme. Comme toute marionnette, son rôle était d'être un exécutant fidèlement servile des ordres reçus, et cela sans possibilité d'une prise de distance pour apprécier par soi-même le juste et le vrai dans l'action.

Le second écueil menace le penseur professionnel tel que Platon ou Heidegger. Ce genre de penseur est le prototype du solitaire qui pour le besoin de sa profession, affectionne sa propre auto-mise à l'écart de la cohue ordinaire de la vie. Même s'il pense les affaires du monde, c'est dans la posture d'un homme absent du théâtre de l'action, du vif de son apparence. On pourrait à la limite concéder qu'une telle pensée soit pensée de l'action, une pensée théorique, mais pas une pensée en vue de l'action qui serait un peu comme celle d'un stratège qui, retiré momentanément du feu de l'action, planifie son retour. Ce positionnement à l'écart a peu d'efficience sur le plan politique.

Cependant la pensée de Socrate n'était pas une pensée esseulée, parce qu'il la menait dans la rue au cœur de la cité. Une telle pensée, en tant qu'inter-pensée, est immédiatement opérationnelle et efficace, parce que se situant au cœur de l'action. Socrate est donc le prototype du penseur engagé par excellence. Sa pensée est toujours soit immédiatement collée à l'action, soit solitaire c'est-à-dire loin du théâtre de l'action, mais sans pour autant y être absente. En effet, même dans ce dernier cas de figure, il s'agit d'un retrait momentané en vue de revenir à l'action, en vue d'aider l'action.

Dans cette optique, Tocqueville et Arendt seraient des penseurs à la manière de Socrate parce que comme lui, ils ont su allier théorie et action. Leurs pensées politiques ont toujours eu un enracinement événementiel. Pensée de l'événement pour le comprendre de l'intérieur, et pour le projeter dans un avenir où il se déploierait, débarrassé de ses scories qui polluent le vivre-ensemble, où il s'exprimerait conforté dans ses potentialités porteuses de vie.

Pour Arendt, le totalitarisme nazi, exprimé pendant la deuxième guerre mondiale, a révélé ces deux dangers. D'une part, le manque d'efficience de la philosophie, à cause du repli du philosophe dans sa tour hermétique de la pensée. D'autre part, l'absence de pensée du citoyen ordinaire mais surtout des acteurs politiques qui se laissent manipuler comme des marionnettes et vouent une loyauté et une fidélité quasi religieuses à un régime quasi sacré.

Le procès à Jérusalem du bourreau nazi Eichmann auquel participe Arendt en tant que correspondante d'une revue intellectuelle le « *New Yorker* » est ce qui a déclenché chez elle la conviction qu'une absence de pensée est ce qui caractérise profondément l'attitude des criminels nazis. C'est en se basant sur ce constat qu'elle a pu élaborer le concept de la « banalité du mal » qui est le propre de la conscience, qui ne sachant pas penser, se rend incapable d'appréhender toute forme de mal. Eichmann est comme nous l'avons déjà affirmé, de ce ressort, parce qu'il s'est laissé emprisonner par le système au point de ne plus être capable d'initier quelque pensée personnelle. Ses dernières paroles qu'il prononça avant de monter sur l'échafaud, en disent long sur cette impensable absence de pensée[145]. Le « mal radical » que doit constituer le génocide à grande échelle, est pour lui devenu quelque chose de « banal », par absence de pensée, qui signifie une incapacité à donner sens à ses actes[146]. Eichmann est incapable d'établir une hiérarchie des valeurs en évaluant ses actes à l'aune du bien ou du mal, au point que l'innommable au sens commun élémentaire des hommes, devient pour lui comme quelque chose d'anodin. Catherine Chalier résume fort bien ce sentiment d'Arendt face à ce criminel nazi : « L'absence de pensée malheureusement si courante, l'incapacité à poser la question de la signification qui seule institue les hommes en êtres de l'interrogation, la résignation donc au sommeil et au

---

145 Eichmann condamné à mort par pendaison, avant de monter sur l'échafaud, commença par dire qu'il n'est pas chrétien et qu'il ne croit pas à la vie après la mort. Cependant, ses dernières paroles débitées machinalement, témoignent exactement du contraire, tout en révélant le contraste qui existe entre l'extrême gravité des actes commis et la superficialité de la pensée de l'auteur de ces actes : « ''Dans peu de temps messieurs, nous nous reverrons. C'est le destin de tous les hommes. Vive l'Allemagne, vive l'Argentine, vive l'Autriche. Je ne les oublierai pas''. Devant la mort, il avait trouvé les phrases toutes faites qu'on dispense dans les oraisons funèbres. Sur l'échafaud, sa mémoire lui joua un dernier tour : ''euphorique'', il avait oublié qu'il assistait à sa propre mort. Comme si, en ces dernières minutes, il résumait la leçon que nous a apprise cette longue étude sur la méchanceté humaine - la leçon de la terrible, de l'indicible, de l'impensable banalité du mal ». H. ARENDT, *EJ*, Gallimard, « Folio histoire », 1991, p. 440.

146 ARENDT pensant la shoah est passée de la conception d'un *« mal radical »* dans *Les origines du totalitarisme* à celle de la *« banalité du mal »* à travers le procès d'Eichmann.

calcul, finissent par rendre absolument indifférent au mal, par barrer la route à toute velléité de résistance à ses horreurs et c'est pourquoi, selon H. Arendt, le mal est si affreusement banal[147] ». Incapable de penser, l'homme ne sait plus distinguer le bien du mal, ou peut prendre le bien pour le mal et vice versa, ou les mettre sur un pied d'égalité, en déduisant qu'ils sont interchangeables. Une personne atteinte d'une telle pathologie est socialement comparable à une sorte de virus qui brouille toute forme de communication avec les autres hommes, qui dénature ses rapports avec eux. « De tels individus sont inaccessibles à quelque expérience que ce soit ; ils n'éprouvent plus la souffrance qu'ils ont en face d'eux, ils sont sourds aux paroles et aveugles aux faits. Ils ont rompu toute communication avec les autres [148] ».

En Socrate dont la pensée par contre, est un permanent va et vient entre pensée et action, Arendt voit le penseur politique par excellence, parce que sa pensée est une pensée qui a le souci du monde commun de la cité. Elle voit en lui à la fois le penseur et le citoyen par excellence. Un penseur qui n'exerce pas sa pensée en se retirant du monde et qui se montre ainsi peu soucieux des affaires politiques. Un citoyen qui ne pourra jamais souffrir de la même pathologie qu'Eichmann, faisant de lui un exécutant obséquieux d'ordres politiques, et qui le rend ainsi incapable d'arrimer son agir à une quelconque pensée du bien ou du mal. La conséquence dramatique d'une telle attitude est celle d'une insouciance plate face aux souffrances des autres. Il est ainsi rendu à ce stade, parce que l'humain cesse d'avoir une représentation et une valeur spécifiques pour lui et ne peut donc pas être défini par ce

---

147 C. CHALIER, « Radicalité et banalité du mal », dans *Ontologie et politique. Actes du colloque Hannah Arendt*, Tierce, 1989, p. 244.
148 A-M. RIVIELLO, *Sens commun et modernité chez Hannah Arendt,* Ousia, 1987, p. 189.

qui fait sa spécificité : un être de relation, c'est-à-dire un être fait pour les autres, qui existe en vue d'eux, mais aussi un être fait par les autres, pour lequel ils existent.

Dès lors, on peut saisir l'importance que revêt le concept de pensée dans la pensée politique d'Arendt qui se veut être en rupture. En effet, l'acte de penser lui-même constitue déjà pour elle un acte éminemment politique. En effet, c'est la vie en cité, le commerce de l'homme avec son semblable qui éveille en l'homme sa pensée en latence dans son cerveau. Un être vivant, physiologiquement humain, mais qui est abandonné dès sa prime enfance, ne serait jamais capable de penser à la manière des hommes. C'est pourquoi pour Aristote, ce qui définit l'homme ce n'est pas d'abord le fait qu'il soit doué de raison, mais qu'il soit naturellement un animal politique. La raison est secondaire à son appartenance à la cité ou plutôt, c'est à cause de la cité que l'homme fait émerger sa raison. C'est pourquoi, il demeure assurément vrai que « quiconque vivrait absolument seul perdrait bientôt la faculté de penser et de s'exprimer[149] ». La pensée de chaque individu de la société est alors inter-pensée ou pluri-pensée. La pensée est de ce fait une activité éminemment politique. Arendt montre effectivement que la pensée qui, vue de l'extérieur est considérée comme une activité de solitude, est essentiellement relation de soi à soi-même et de soi-même avec les autres. Dans ce sens, la pensée est la réalité qui exprime au mieux la situation de l'homme social qui est à la fois une individualité irréductible et un être de relation : « Rien ne montre plus clairement que l'homme existe essentiellement dans la dimension plurielle que le fait que sa solitude actualise, au cours de la pensée, la simple conscience qu'il a de lui-même, et partage sans doute avec les espèces animales les plus évoluées, en une

---

149 Cf. VOLTAIRE, dans F. FOULQUIE, *Dictionnaire de la langue philosophique*, PUF, Paris, 1992, p. 523.

dualité[150] ». Elle explicite davantage cette assertion en disant qu' « être seul, c'est être avec soi-même, et l'acte de penser, sans doute le plus solitaire de tous les actes, n'est jamais cependant sans partenaire, sans compagnie [151] ».

Dans la pensée, tout se passe comme s'il s'agissait d'un dialogue entre moi et moi-même, faisant du moi pensant une entité bipolaire sujet-objet. Qui dit dialogue dit, par voie de conséquence, distinction, distanciation sans laquelle l'espace nécessaire à la communication est impossible. La pensée est donc l'acte par lequel je crée un espace qui me permet d'entrer en communication avec moi-même. C'est par ce mouvement seulement que je peux me situer comme un être vivant supérieur. En effet, la pensée comme lien est une fécondité qui fait advenir la conscience de soi, avantage que ne peut avoir l'être dépourvu de pensée. Et l'instant de la prise de conscience de mon existence propre est aussi celui qui, de manière concomitante, me révèle l'existence de l'autre. Ainsi, la pensée même si elle est un discours aphone de moi à moi-même, me transcende pour m'ouvrir à l'autre. « A cet égard, la pensée, en tant qu'expérience personnelle et interne, peut être saisie comme un dialogue anticipé avec les autres, c'est-à-dire comme l'anticipation de la pluralité humaine concrète en même temps que le lien avec le monde des phénomènes[152] ».

Du point de vue de son rapport avec l'extériorité, la pensée est un dynamisme hégémonique. Grâce à elle, l'homme est capable de sortir de lui-même pour être en contact, d'une part avec les autres, et d'autre part avec les réalités du monde. La pensée comme moyen de

---

150 H. ARENDT, *VE*, p. 210.
151 H. ARENDT, *CHM*, p. 118.
152 M.MOLOMB' EBEBE, *Le paradoxe comme fondement et horizon du politique chez Hannah Arendt*, Paris, Bruxelles, De Boeck, 1997, p.153.

communication est « toujours liée à ce que pensent ou pourraient penser les autres, c'est-à-dire à la pluralité humaine. Elle est, dans ce cas, soit un dialogue réel avec les autres, soit un dialogue anticipé avec les autres (par exemple, lorsque j'écris un livre, etc.) Dans ces deux manifestations, celui qui pense essaie de se mettre à la place de l'autre, non pas pour penser exactement comme lui, mais pour comprendre les arguments qui soutiennent son opinion[153] ». Comprendre l'autre et ses opinions, voilà ce qu'offre la pensée ; voilà ce dont l'absence en politique conduit à la banalisation du mal qui est génératrice d'arbitraire et de violence. En définitive le mal radical que constitue la Shoah et dont parlait Arendt dans *« Les origines du totalitarisme »*, mais qu'elle commue ensuite en banalité du mal dans « *Eichmann à Jérusalem* », pourrait toujours s'imposer comme concept d'actualité. Ce concept est actuel non pas tant pour désigner les conséquences que constituent le génocide des Juifs à grande échelle et tous les autres génocides qui émaillent l'histoire humaine ici et là, mais pour désigner son principe qui est l'absence de pensée. « Le mal radical » ou « la banalité du mal » dont les conséquences peuvent être cataclysmiques pour les humains, a toujours pour principe l'absence de pensée. En effet en remontant à l'étymologie latine du terme « radical », nous retrouvons le substantif *« radix »* qui signifie racine. Il apparaît alors véritablement que le caractère radical du mal est à rechercher non dans ses conséquences immédiates, dans ses manifestations tels les génocides, ni non plus dans les raisons secondes qui seraient par exemple celles qui justifient le déclenchement d'une guerre par exemple, mais dans son origine, et sa source : l'absence de pensée que la méthode socratique permet d'éviter. La véritable pensée politique, celle qui lui convient le mieux est donc la pensée dialogique qui a

153 *Ibid.*, pp. 153-154.

montré son efficacité avec Socrate. C'est cette pensée qui fait corps avec l'action, et parce qu'elle est dialogique, elle ne saurait jamais faire abstraction des autres. Elle s'inscrira de manière pérenne dans la logique et la dynamique du débat, faisant du domaine de la politique, une agora où se rencontrent des égaux, tous soucieux du bien-être de la cité. L'axe central autour duquel vont graviter leurs débats, serait toujours cette préoccupation majeure : penser ce qu'ils font afin de conjurer le superficiel et le comportement somnambulique qui s'avèrent être les vraies sources des dangers qui sapent en ses fondements le vivre-ensemble-harmonieux entre les humains habitant la terre commune.

* *
*

Le stoïcisme dans l'antiquité avait reconnu l'égale dignité de tous les hommes à cause de la commune raison cosmique partagée. La démocratie moderne va au-delà de ces considérations méta-humaines pour faire reposer l'égalité des citoyens, uniquement dans la volonté des hommes, et dans leur décision commune de vivre égaux dans la différence et la diversité. Ils sont égaux en dignité mais en considération de leur égale responsabilité face à la terre, leur espace commun de vie.

CONCLUSION GÉNÉRALE

La réflexion que nous avons menée nous a révélé la filiation intellectuelle qui lie Arendt à Tocqueville. Nous avons pu découvrir les nombreuses similitudes qui apparaissent entre ces deux penseurs, du point de vue de leurs biographies marquées par la violence et la répression subies par leurs familles respectives ; du point de vue de leur pensée politique tournée vers la démocratie dont le fondement est la pluralité humaine ; du point de vue de leur méthode qui prend toujours ancrage sur des réalités politiques concrètes. Dans ce sens, il s'agit toujours pour eux de laisser le fait politique inspirer la pensée théorique et non de concevoir une théorie idéale applicable à la réalité politique. Pour Tocqueville, la démocratie américaine constitue l'expérience et le point d'ancrage de sa démarche qui lui permet de mener une pensée à neuf de la philosophie politique. C'est la Révolution française dans son expression barbare qui a commandé cette entreprise. Arendt, quant à elle, part du mal radical exprimé dans l'antisémitisme nazi et dans les différents systèmes totalitaires du XXe siècle. Elle recourt au personnage de Socrate qui a initié une pensée politique toute particulière : sa pensée est une pensée-action, et son action, une action-pensée. C'est en ce sens que la méthode socratique constitue pour elle le paradigme pour penser à neuf la philosophie politique, et opérer cette rupture avec toutes les typologies philosophiques devenues inopérantes face aux systèmes totalitaires.

Pour tous deux, c'est donc la violence en politique qui a motivé cette volonté de penser à neuf la philosophie politique. En effet, ayant subi de près les conséquences de la violence en politique, il leur est apparu naturel ou par nécessité, le devoir d'adopter une posture de rupture par rapport à une pensée politique en déphasage avec les agirs politiques ignorants de l'action concertée. Ces agirs affectionnent la force et l'arbitraire aux conséquences dramatiques. C'est le cas de la Révolution française et de toutes les révolutions qui lui ressemblent, c'est aussi le cas des barbaries des systèmes totalitaires du XXe siècle que tente de comprendre Arendt.

On pourrait, il est vrai, reprocher à Tocqueville de décrire une société démocratique idéalisée dans la seconde *« Démocratie en Amérique »*. Cette société décrite ne correspond pas vraiment à la société américaine. Mais le premier projet de titre du livre ayant été « *L'influence de l'égalité sur les idées et les sentiments des hommes* [154] », on peut aisément comprendre le caractère abstrait de son œuvre d'une part, et admirer d'autre part le fait qu'il ait utilisé par avance la méthode des « types idéaux », méthode dont Max Weber sera le chantre plusieurs années après. Un reproche similaire peut aussi être fait à Arendt pour le fait d'avoir dépeint un Socrate idyllique, un peu éloigné du Socrate historique de Platon. Cependant là aussi, son Socrate constitue un type idéal comme la société démocratique l'était pour Tocqueville, puisque « en se référant ainsi au cas exemplaire de Socrate, Arendt entend construire une sorte d' « idéal type » à la manière du sociologue Max Weber[155] ». Toutes ces affinités entre nos deux penseurs nous permettent de comprendre comment au-delà du siècle qui les sépare, et des événements socio-politiques différents qu'ils ont vécus, on peut leur reconnaître une intuition commune : tenir la pluralité-égalité (qui soutient la liberté) comme essence de la démocratie, et affirmer avec force que la violence et la barbarie n'ont pas de place en politique, quelles que soient les raisons qui puissent leur faire appel.

---

154 R. BOUDON, *op. cit.*, p. 155.
155 J-C. POIZAT, *op. cit.*, p. 194.

On ne saurait clore la liste des affinités entre nos deux philosophes sans signaler le fait qu'ils ont été tous les deux, des penseurs engagés. Sans qu'ils ne le disent, tout se passe comme si la vie et l'œuvre de chacun révèlent que le penseur politique est aussi un acteur politique engagé. S'il ne fait que penser sans ancrer cette pensée dans un agir concret, il n'aurait parcouru que la moitié du chemin qui conduit au but. Il serait ce qu'on pourrait appeler un penseur non encore pleinement accompli, un penseur en devenir. Il ne pourrait répondre aux critères d'un vrai penseur au sens profond du mot, car pour eux, pensée et action coïncident et vont de pair. C'est sans doute pour cela que leur pensée-action embrasse plusieurs disciplines. Elle est une pensée philosophique à l'intersection de l'histoire, pour débusquer les faits historiques porteurs de sens, de la sociologie pour comprendre les comportements humains qui façonnent la trame de l'existence humaine, du journalisme, comme nouvelle agora qui permet l'expression d'une opinion à vif sur les événements brûlants de la vie des hommes.

REPÈRES BIOGRAPHIQUES ET BIBLIOGRAPHIE

I. Alexis de Tocqueville

1. Repères biographiques

29 juillet 1805 : Naissance de Tocqueville.

De 1805-1820 : Enfance à Vermeil-sur-Seine où il est confié à l'abbé Louis Lesueur, son précepteur.

1820-1823 : Séjour à Metz auprès de son père alors préfet de Metz.

1823-1827 : Etudes de droit, couronnées par une licence.

1827-1831 : Il est nommé juge auditeur au tribunal de Versailles où il rencontre Gustave de Beaumont avec lequel il noue une solide amitié.

1831 : Il obtient de l'Etat une année de disponibilité pour se rendre aux Etats-Unis pour officiellement étudier le système pénitentiaire américain, mais il s'intéresse plutôt particulièrement au système démocratique de ce pays, qu'il rêve de voir appliquer en France.

26 octobre 1835 : Mariage de Tocqueville avec Marie Mottley, à l'opposé de la pratique aristocratique courante qui arrangeait les mariages entre familles de même condition. Marie Mottley était Anglaise, protestante d'esprit libéral, et sans fortune.

1835 : Il est inscrit comme avocat, mais ne fait qu'une unique plaidoirie. Il publie cette année le premier volume *De la démocratie en Amérique.*

1837 : Il est nommé chevalier de la Légion d'honneur.

1838 : Il est élu à l'académie des sciences morales et politiques.

1839-1951 : Il est député de la Manche.

1840 : Parution du second volume *De la démocratie en Amérique.*

1848 : Il est élu à l'Assemblée constituante. Il y défend les institutions libérales, le bicamérisme, l'élection du président au suffrage universel, la décentralisation.

De juin à octobre 1849 : Il nommé ministre des affaires étrangères.

Opposé au coup d'Etat du 2 décembre 1851, il proteste avec d'autres parlementaires. Il est arrêté, incarcéré puis relâché. Il quitte la vie politique.

1856 : Parution de *L'Ancien Régime et la Révolution.*

16 avril 1859, il meurt à la villa Monfleury de Cannes où il s'était retiré six mois plus tôt avec sa femme.

2. Bibliographie

Edition des Œuvres complètes, Gallimard, commencée en 1951. Elle est désignée par le sigle *OC*

Tome I, vol. 1 : *De la démocratie en Amérique,* 1951.

vol. 2 : *De la démocratie en Amérique,* 1951.

Tome II, vol. 1 : *L'Ancien Régime et la Révolution,* 1953.

vol. 2 : *Fragments et notes inédites sur la Révolution,* 1953.

Tome III, vol. 1 : *Ecrits et discours politiques : écrits sur l'Algérie, les colonies, l'abolition de l'esclavage, l'Inde,* 1962.

vol. 2 : *Ecrits et discours politiques sous la monarchie de Juillet, 1985.*

vol. 3 : Ecrits et discours politiques (seconde République), 1990.

Tome IV, vol. 1 et 2 : *Ecrits sur le système pénitentiaire en France et à l'étranger, 1984.*

Tome V, vol. 1 : Voyage en Sicile et aux Etats-Unis, 1957.

vol. 2 : *Voyage en Angleterre, Irlande, Suisse et Algérie,* 1957.

Tome VI, vol. 1 : *Correspondance anglaise, avec Reeve et J.S. Mill*, 1954.

vol. 2 : *Correspondance et conversations d'Alexis de Tocqueville et Nassau William Senior, 1991.*

vol. 3 : *Correspondance anglaise*, 2003.

Tome VII: *Correspondance américaine et européenne*, 1986.

Tome VIII, vol. 1, 2 et 3 : *Correspondance Tocqueville-Beaumont*, 1967.

Tome IX : *Correspondance Tocqueville-Gobineau*, 1959.

Tome X : *Correspondance et écrits locaux*, 1995.

Tome XI : *Correspondance Tocqueville-Ampère et Tocqueville-Royer-Collard, 1970.*

Tome XII : *Souvenirs*, 1968.

Tome XIII, vol. 1 et 2 : *Correspondance Tocqueville-Kergorlay*, 1977.

Tome XIV, *Correspondance familiale*, 1998.

Tome XV, vol. 1 et 2, *Correspondance Tocqueville-Corcelle et Tocqueville-Mme Swetchine, 1983.*

Tome XVI : *Mélanges*, 1989.

Tome XVII : *Correspondance* (divers).

Tome XVIII : Correspondance Tocqueville-Circourt et Tocqueville-Mme de Circourt, 1983.

3. Choix d'études et d'ouvrages consacrés en totalité ou en partie à Tocqueville

ANTOINE Agnès., *L'impensé de la démocratie*, Paris, Fayard, 2003.

ARON Raymond., *Essai sur les libertés* (1965), Paris, Hachette, « Pluriel », 1991.

- *Les étapes de la pensée sociologique*, Paris, Gallimard, 1967

AUDIER Serge, *Tocqueville retrouvé,* Paris, Vrin, 2004.

BENOIT Jean-Louis, *Tocqueville moraliste,* Paris, Honoré Champion, 2004.

- *Comprendre Tocqueville*, Paris, Armand-Colin/Cursus, 2004.

- Tocqueville, *un destin paradoxal*, Paris, Bayard, 2005.

BIRNBAUM Pierre, *Sociologie de Tocqueville*, Paris, PUF, 1970.

BOUDON Raymond, *Tocqueville aujourd'hui*, Paris, Odile Jacob, 2005.

FURET François, *Penser la Révolution française*, Paris, Gallimard, 1978 (« Folio histoire », 1989).

GUELLEC Laurence, *Tocqueville et l'apprentissage de la liberté*, Paris, Michalon, 1996.

GUINERET Hervé, *Tocqueville de la guerre au colonialisme, les enjeux des démocraties modernes, Paris,* Ellipses, 2007.

JARDIN André, *Alexis de Tocqueville, 1805-1859*, paris, Hachette Littérature, 1984.

JAUNE Lucien, *Tocqueville, les sources aristocratiques de la liberté*, Paris, Fayard, 2008.

- *Tocqueville et les langages de la démocratie*, Paris, Honoré Champion, 2004.

KESLASSY Eric, *Le libéralisme de Tocqueville à l'épreuve du paupérisme*, Paris, L'Harmattan, 2000.

LAMBERTI Jean-Claude, *Tocqueville et les deux démocraties*, Paris, PUF, 1983.

LECA Antoine, *Lecture critique d'Alexis de Tocqueville*, Presses universitaires d'Aix-Marseille, 1988.

LE STRAT Claire, et PELLETIER W., *La canonisation libérale de Tocqueville,* Paris, La politique au scalpel, 2006.

MANENT Pierre, *Tocqueville et la nature de la démocratie,* Paris, Julliard, 1982.

MÊLONIO Françoise, *Tocqueville et les Français,* Paris, Aubier, « Histoires », 1993.

REDIER Antoine, *Comme disait M. de Tocqueville*, Paris, Perrin, 1925.

II. Hannah Arendt

1. Repères biographiques[156]

1906 : Naissance d'Hannah Arendt à Hanovre le 14 octobre .

1910 : Installation de la famille à Königsberg, ville natale des parents d'Hannah Arendt.

1913 : Mort du père d'Hannah Arendt.

1924 : Obtention du baccalauréat allemand.

1924-1928 : Hannah Arendt étudie la philosophie, la théologie et la philologie classique aux universités de Marbourg, Fribourg et de Heidelberg. Elle est successivement l'élève de Husserl, de Heidegger, de Bultmann et de Jaspers.

1928 : Doctorat en philosophie à l'université de Heidelberg, sous la direction de Karl Jaspers: *Der Gottesbegriff bei Augustin* (Springer-Verlag, 1929).

1929 : Elle épouse Günther Stern.

Jusqu'en 1933, grâce à une bourse d'études, elle travaille à une biographie de *Rahel Varnhagen, The Life of a Jewess* (qui ne paraîtra qu'en 1957, chez Harcourt Brace Jovanovitch).

1933-1940 : Exil en France d'où à partir de 1935 elle facilite l'immigration d'enfants juifs en Palestine dans le cadre de *l'Aliyah* des jeunes dont elle est la secrétaire générale. Au début de la guerre, elle est internée au

[156] Nous reproduisons ici les repères biographiques donnés par Sylvie Courtine-Denamy, *op. cit.*, pp. 405-406.

camp de Gurs avec les «étrangers d'origine allemande». Elle parvient à s'en échapper au bout de cinq semaines et en 1940, elle épouse en secondes noces Heinrich Blücher, professeur de philosophie.

1941 : Exil aux Etats-Unis.

1941-1945 : Collaboratrice du journal *Aufbau.*

1946-1948 : Membre de la direction des éditions Schocken New York.

1948: Mort de sa mère.

1948-1952 : Elle dirige l'Organisation pour la reconstruction de la culture juive à laquelle elle avait collaboré dès 1944.

1949-1950 : Premier retour en Europe.

1951 : Elle devient citoyenne américaine l'année où paraît *The Origins of Totalitarianism* (Harcourt Brace Jovanovitch). Fin de son existence de dix huit années d'apatride.

1953-1958 : Elle enseigne la philosophie et les sciences politiques aux universités de Berkeley, Princeton, Columbia, Brooklyn College et Aberdeen.

1963-1968 : Professeur à l'université de Chicago.

1968-1975 : Professeur de philosophie politique à la New School for Social Research, New York.

1973-1974 : Gifford Lectures à Aberdeen en Ecosse.

1975 : Mort de Hannah Arendt, le 4 décembre.

Hannah Arendt était membre de l'American Political Science Association et du National Institute of Arts and Letters. Entre autres distinctions, elle a reçu le prix Lessing de la ville de Hambourg (1959), le prix Sigmund Freud (1967) de la *Deutsche Akademie für Sprache und Dich-tung* à Darmstadt dont elle était membre correspondant depuis 1958, et le prix Sonning du royaume du Danemark (1975), pour sa contribution à la culture européenne. Dix universités et écoles lui ont décerné le rang de docteur honoris causa.

Depuis 1968 elle était vice-présidente du National Institute of Arts and Letters. De 1973 à 1975, elle fut, au même titre qu'Albee, I. B. Singer et John Updike, à la direction du PEN-Club américain.

Après une longue procédure, elle obtint en 1972 de la République fédérale d'Allemagne son admission rétroactive dans l'enseignement supérieur dont elle avait été exclue par les nazis.

2. Traductions françaises des ouvrages de Hannah Arendt

- *La Condition de l'homme moderne,* Paris, Calmann Lévy, trad. G. Fradier, 1961. Nouvelle édition préfacée par Paul Ricoeur en 1983 ; rééd. Pocket, coll. « Agora », 1994.
- *Eichmann à Jérusalem. Rapport sur la banalité du mal* Paris, Gallimard, 1966, trad. A. Guérin. Nouvelle édition revue par M. I. Brudny de Launay en 1991, coll. « Folio » Histoire.
- *Essai sur la révolution,* Paris, Gallimard, 1967, trad. M. Chrestien, coll. « Les Essais », Paris, 1967, Nouvelle édition en 1985, coll. « Tel ».
- *La Crise de la culture,* Paris, Gallimard, 1972, coll. « Idées », trad. sous la direction de P. Lévy, Paris, 1972.
- *Du mensonge à la violence. Essais de politique contemporaine,* Paris, Calmann Lévy, 1972, coll. « Liberté de l'esprit », trad. G. Durand ; rééd., Pocket, coll. « Agora », 1994.
- *Le Système totalitaire* Paris, Le Seuil, 1972, coll. « Points Politique », trad. J.-L. Bourget, R. Davreu et P. Lévy.

- *Sur l'antisémitisme,* Paris, Calmann Lévy, 1973, coll. « Diaspora », trad. M. Pouteau. Nouvelle édition, Le Seuil, coll. « Points Politique » en 1984.
- *L'Impérialisme,* Paris, Fayard, 1973, coll. « L'espace », trad. M. Leiris. Nouvelle édition en 1997, Le Seuil, coll. « Points Politique ».
- *Vies politiques,* Paris, Gallimard, 1974, coll. « Les Essais », trad. E. Adda, J. Bontemps, B. Cassin, D. Don, A. Kohn, P. Lévy, A. Oppenheimer-Faure. Nouvelle édition, coll. « Tel », 1986.
- *La Vie de l'esprit,* volume 1 : *La Pensée,* volume II : *Le Vouloir* PUF, coll. « Philosophie d'aujourd'hui », trad. L. Lotringer, 1981 et 1983 ; rééd., 2000.
- *Rahel Varnhagen, la vie d'une Juive allemande à l'époque romantique,* Paris, Tierce, 1986, trad. H. Plard.
- *La Tradition cachée,* Paris, Ch. Bourgois, coll. « Détroits », 1987, trad. S. Courtine-Denamy. Nouvelle éd., coll. « Choix Essais », 1993.
- *Penser l'événement,* Paris, Belin, 1989, trad. sous la direction de C. Habib.
- *La nature du totalitarisme,* Paris, Payot, 1990, trad. et présentation de M. Brudny de Launay.
- *Auschwitz et Jérusalem,* Paris, Deux Temps Tierce, 1991, trad. S. Courtine-Denamy, préf. de F. Collin. Nouvelle édition en 1993, Pocket, coll. « Agora », 1993.
- *Le Concept d'amour chez Augustin,* Paris, Tierce, 1991, trad. A. S. Astrup, préf. de G. Petitdemange. Nouvelle édition en 1999, Payot et Rivages, « Rivages poche/Petite bibliothèque ».
- *Juger. Sur la philosophie politique de Kant,* Paris, Le Seuil, 1991, coll. « Libre examen », trad. M. Revault d'Allonnes, avec deux essais interprétatifs de R. Beiner et M. Revault d'Allonnes.

- *Correspondance Hannah Arendt-Karl Jaspers, 1926-1969* (rassemblée et annotée par Lotte Köhler et Hans Saner, traduction E. Kaufholz-Messmer), Paris, Payot et Rivages, 1995.
- *Qu'est-ce que la philosophie politique?* (texte établi et commenté par Ursula Ludz, préface et traduction de S. Courtine-Denamy), Paris, Le Seuil, collection « point politique » 1995.
- *Correspondance Hannah Arendt-Mary McCarthy 1949-1975*, (réunie, présentée et annotée par C. Brightman, traduction F. Adelstain), Paris, Stock, 1996.
- *Considérations morales* (traduction M. Ducassou et D. Maes, Paris, Payot et Rivages, collection « Rivages poche/petite Bibliothèque », 1996.
- *Hannah Arendt-Kurt Blumenfeld, Correspondance* 1933-1963 traduction J.-L. Evard, préface de M. Leibovici), Paris, Desclée de Brouwer, 1998.
- *Hannah Arendt-Heinrich Blücher, Correspondance 1936-1968* (traduction française de A.-S. Astrup), Paris, Calmann-Lévy, 1999).
- *La philosophie de l'existence et autres essais* (trad. M. Ziegler et A. Damour), Paris, Payot, collection « Petite Bibliothèque », 2000.
- *Les origines du totalitarisme-Eichmann à Jérusalem* (édition établie sous la direction de P. Bouretz, traduction collective), Paris, Gallimard, collection « quarto », 2002.
- *Qu'est-ce que la philosophie de l'existence? Suivi de l'existentialisme français, Paris,* Payot et Rivages, collection « Patite Bibliothèque », 2002.
- *Responsabilité et jugement* (édition établie et préfacée par J. Kohn, traduction J-L, Fidel), Paris, Payot et Rivages, collection « Petite Bibliothèque Payot », 2005.

- *La crise de l'éducation*, (extrait de *La crise de la culture*) (traduction C. Vezin, A. Dalsuet), Paris, Folioplus philosophie, 2007.
- *« Edifier un monde ». interventions 1071-1975*, (traduction M. Köller), Paris, Le Seuil, 2007.

3. Choix d'ouvrages en langue française sur Hannah Arendt

ABENSOUR Miguel, *Hannah Arendt contre la philosophie politique ?,* Paris, Sens§Tonka, 2006.

ADLER Laure, *Dans les pas de Hannah Arendt*, Paris, Gallimard, 2005.

AMIEL Anne, *Hannah Arendt, politique et événement*, Paris, P.U.F., 1996.

BRUDNY Michèle-Irène, *Hannah Arendt. Essai de biographie intellectuelle*, Paris, Bernard Grasset, 2006.

COURTINE-DENAMY Sylvie, *Hannh Arendt*, Paris, Belfond, 1994.

- *Le souci du monde, dialogue entre Hannah Arendt et quelques-uns de ses contemporains,* Paris, Vrin, collection « pour demain », 1999.
- *Trois femmes dans de sombres temps, Edith Stein, Hannah Arendt, Simone Weil,* Paris, Albin Michel, 2002.

ENEGREN André, *La Pensée politique de Hannah Arendt,* Paris, P.U.F. 1984.

ESLIN Jean-Claude, *Hannah Arendt, l'obligée du monde*, Paris, Michalon, 1996.

GRANDBOULAN Geneviève, *Une femme de pensée. Hannah Arendt,* Paris, Anthropos, 1990.

GRUNENBERG Antonia, *Hannah Arendt et Martin Heidegger, histoire d'amour,* Paris, Payot, 2009.

HEUER Wolfgang, *Hannah Arendt,* (trad. fr. J. Chambon), Paris, éd. J. Chambon, 1993.

KRISTEVA Julia, *Le génie féminin*, Paris Gallimard, 1999.

LEIBOVICI Martine, *Hannah Arendt, une juive. Expérience, politique et histoire*, Paris, Desclée de Brouwer, 1998.

MONSYA Molomb'Ebebe, *Le paradoxe comme fondement et horizon du politique chez Hannah Arendt*, Paris, Bruxelles, De Boeck Université, 1997.

POCHE Fred, *Penser avec Arendt et Lévinas*, Lyon, Chronique sociale, 1998.

POIZAT Jean-Claude, *Hannah Arendt, une introduction*, Paris, Agora, 2003.

ROVIELLO Anne-Marie, *Sens commun et modernité chez Hannah Arendt,* Bruxelles, Ousia, 1987.

SCHOLEM Gershom, Fidélité et utopie, *Essai sur le judaïsme contemporain*, Paris, Calmann-lévy, 1978.

TAMINIAUX Jacques, *La Fille de Thrace et le penseur professionnel. Arendt et Heidegger,* Paris, Payot, 1992.

TASSIN Etienne, *Le trésor perdu, Hannah Arendt, l'intelligence de l'action*, Paris, Payot § Rivages, 1999.

TROTTMANN Christian, *Faire agir contempler, contrepoint à La condition de l'homme moderne de Hannah Arendt,* Paris, Sens§Tonka, 2008.

TRUC Gérôme, *Assumer l'humanité. Hannah Arendt : la responsabilité face à la pluralité*, Bruxelles, Edition de l'université de Bruxelles, 2008.

YOUNG-BRUEHL Elisabeth, *Hannah Arendt,* Paris, Anthropos, 1986, (trad. fr. Joël Roman et Etienne Tassin), Paris, Calmann-Lévy, 1999.

III. Ouvrages généraux

ALAIN, *Propos sur les pouvoirs*, Paris, Gallimard, 1995.

ARISTOTE, *La politique*, trad.J. AUBONNET, Paris, Gallimard, 1993.

-*Ethique à Eudème*, Paris, Vrin, 1997.

-*Ethique à Nicomaque*, trad. J. Tricot, Paris, Vrin, 1987.

ARNOU Jacques et BLAMONT Jacques, « *Lève-toi et marche » propositions pour un futur de l'humanité*, Paris, Odile Jacob, 2009.

ARON Raymond, *Introduction à la philosophie de l'histoire*, Paris, Gallimard, 1948.

-*Démocratie et totalitarisme*, Paris, Gallimard, 1965.

-*Les étapes de la pensée sociologique,* Paris, Gallimard, 1967.

-*L'opium des intellectuels,* Paris, Gallimard, 1968.

-*Essais sur les libertés*, Paris, Calmann-Lévy, 1978.

BARBARIN Philippe et FERRY Luc, *Quel avenir pour le christianisme?* Paris, Salvador, 2009.

BAUDART Anne, CALS Claude, CHENET François, CHENG Anne et al., *Histoire de la philosophie, tome 2. L'invention du monde moderne*, Paris, Armand Colin, 1997.

BRAGUE Rémi, *Europe, la voie romaine*, Paris, Follio essais, 1992.

BLUCHE F., RIALS Stéphane, TULARD J, *La Révolution française*, Paris, Puf., « Que sais-je? », 1992.

BREHIER Emile, *Histoire de la philosophie*, tome *Antiquité et moyen âge,* Quadrige, Puf, 1994.

-Tome II, XVII[è]-XVII[è] siècles, *ibid.*

-Tome III, XIX[è]-XX[è] siècles, *ibid.*

CALVEZ Jean-Yves, *Chrétiens penseurs du social. Après le concile, après « 68 », 1968-1988,* Paris, Cerf, 2008.

CARATINI Roger, *Initiation à la philosophie,* Paris, L'Archipel, 2000.

CHEVALLIER Jean-Jacques, *Les grandes oeuvres politiques de Machiavel à nos jours,* Paris, Armand Colin, 1988, 1re éd., 1948.

CHATELET François, *Les conceptions philosophiques* du XXè siècle, Paris, Puf., 1983.

– *Histoire des régimes politiques de la France de* 1789 *à nos jours,* Paris, Dalloz, 6e éd., 1981.

COLLET Francis, *Histoire des idées de l'antiquité à nos jours. Précis de culture générale*, Paris, Ellipses, 2009.

COQ Guy, *Laïcité et république. Le lien nécessaire*, Paris, Le Félin, 2003.

-*Mounier, l'engagement politique*, Paris, Michalon, 2008.

ENGELS Friedrich, *le rôle de la violence dans l'histoire*, Paris, Editions sociales, 1971.

FACKENHEIM Emil, *Penser après Auschwitz*, Paris, Cerf, 1986.

FERRY Luc, Philosophie politique. Tome I, *Le droit : la nouvelle querelle des anciens et des modernes*, Quadrige/Puf,1984.

-Tome II, *Le système des philosophies de l'histoire, ibid.*

-Tome III, *Des droits de l'homme et l'idée républicaine, ibid.*

FERRY Luc, JERPHAGNON Lucien, *La tentation du christianisme*, Paris, Bernard Grasset, 2009.

GAUCHET Marcel, *La condition politique*, Paris, Gallimard, 2005.

GOYARD-FABRE Simone, *Philosophie politique XVIè-XXè siècle,* Paris, Puf, 1987.

-*Eléments de philosophie politique*, Paris, Arman Collin, 1996.

HEGEL, Georg Wilhelm Friedrich, *La raison dans l'histoire. Introduction à la philosophie de l'histoire*, trad. K. Popaionnou, Paris, Plon, 1994.

HEIDEGGER Martin, *Etre et temps*, trad. F. Vezin, Paris, Gallimard, 1986.

JANICAUD Dominique, MATTEI Jean-François, *La métaphysique à la limite*, Paris, Puf, 1983.

JONAS Hans, *Le concept de Dieu après Auschwitz*, Paris, Payot § Rivages, 1994.

HOBBES Thomas, *Le Léviathan*, Paris, Sirey, 1971.

HOUZIAUX Alain, *Christianisme et conviction politique,* Paris, Desclée de Brouwer, 2008.

JOUVENEL Bertrand de, *Du pouvoir. Histoire naturelle de la croissance*, Genève, Bouquin, 1945.

-*De la souveraineté à la recherche du bien politique,* Paris, Genin, 1955.

KANT Emmanuel, *Critique de la raison pure*, trad. A. Tremesagues et B. Pacaud, Paris, P.U.F., 1927.

-*La philosophie de l'histoire*, trad., S. Piobetta, Ed. Gauthier, 1965.

LAPLANTINE François, *Le philosophe et la violence*, Paris, Puf, 1976.

LEYMARIE Philippe, et PERRET Thierry, *Les 100 clés de l'Afrique*, Paris, Hachette Littérature, 2006.

LENOIR Frédéric, *Le Christ philosophe*, Paris, Plon, 2007.

LAPLANTINE François, *La philosophie et la violence*, Paris, P.U.F., 1976,

MACHIAVEL Nicolas, *Le prince*, Paris, Nathan, 1986.

MARX Karl, *Oeuvres*, Paris, Gallimard, 1965.

MEHEUST Bertrand, *La politique de l'oxymore; comment ceux qui nous gouvernent nous masquent la réalité du monde,* Paris, La découverte, 2009.

MICHALET, *Histoire de la Révolution française*, Paris, Gallimard, 1952.

MOILLO Irène, *Les grands penseurs politiques de Machiavel à Tocqueville*, Paris, Ellipses, 1996.

MONTESQUIEU, *De l'esprit des lois*, Paris, Garnier Flammarion, 1995.

ORY Pascal, (sous la direction de), *Nouvelle histoire des idées politiques,* Paris, Hachette, « Pluriel », 1987.

OTTO Walter Friedrich, *L'esprit de la religion grecque ancienne, Theophania*, Paris, Berg International, 1995.

PASCAL Blaise, *Pensées*, Paris, Gallimard, 1977.

PLATON, *Oeuvres complètes*, (Brisson Luc dir.), Paris, Flammarion, 2008.

PENA-RUIZ Henri, *Qu'est-ce que la laïcité?*, Paris, Gallimard, 2003.

RAMPOUX René, *Histoire de la pensée occidentale de Socrate à Sartre*, Paris, Ellipses, 2008.

RAYNAUD Philippe. et RIALS Stéphane. (sous la direction de), *Dictionnaire de la philosophie politique,* Paris, P.U.F., 1996.

REVEL François, *Histoire de la philosophie occidentale de Thalès à Kant*, Nil éditions, 1994.

ROSANVALLON Pierre, *La légitimité démocratique. Impartialité, réflexivité, proximité*, Paris Seuil, 2008.

ROUSSEAU Jean Jacques, *Discours sur l'origine et les fondements de l'inégalité parmi les hommes*, Paris Flammarion, 1992.

-*Du contrat social*, Paris, Flammarion, 1992.

SIBERTIN-BLANC Guillaume, *philosophie politique, XIX^{è}-XX^{è} siècles*, Paris, P.U.F., 2008.

STRAUSS Leo et CROPSEY Joseph, *Histoire de la philosophie politique,* Paris, P.U.F., 1994.

TENZER Nicolas, *La philosophie politique*, Paris, P.U.F., 1994.

-*Pour une philosophie politique*, Quadrige/P.U.F., 2007.

TOUCHARD Jean (sous la direction de), *Histoire des idées politiques,* Paris, P.U.F., « Themis », 1988, 1re éd., 1959.

VALADIER Paul, *Détresse du politique, force du religieux*, Paris, Seuil, 2007.

VAN GAVER Falk, *Le politique et le sacré*, Paris, Presse de la renaissance, 2005.

VANIN-VERNA Laurence, *Le Dieu des philosophes. Entre foi et raison,* (la philo pour tous), Paris, Ellipses, 2008.

-*Pourquoi le politique? L'avenir de la citoyenneté, Ibid.,* 2009.

WEIL Simone, *Oeuvres*, Lussy Florence (de) dir., Paris, Quarto Gallimard, 1999.

WILLAIME Jean-Paul, *Le retour du religieux dans la sphère publique. Vers une laïcité de reconnaissance*, Lyon, Editions Olivétan, 2008.

TABLE DES MATIÈRES

Philosophie

aux éditions L'Harmattan

Dernières parutions

LE COMBAT PHILOSOPHIQUE DE MAURICE BLONDEL CONTRE LA DOUBLE IGNORANCE DES MASSES
Diakiodi Adrien
Il existe deux types d'ignorance que Maurice Blondel, philosophe, sociologue et théologien français, invite tout homme à combattre énergiquement pour éviter la disparition prématurée de l'espèce humaine, mais également celle de la planète Terre. Il y a, d'une part, l'ignorance de soi-même, de son être en perpétuel devenir et, d'autre part, celle de ses semblables, de son environnement, du monde physique et de l'Unique nécessaire. Ce livre s'assigne comme objectif de vulgariser les armes pour combattre ces deux fléaux, armes présentées dans sa thèse de doctorat qui l'a rendu célèbre : L'Action (1893).
(Coll. Ouverture Philosophique, 12.50 euros, 100 p.)
ISBN : 978-2-343-07377-4, ISBN EBOOK : 978-2-336-39896-9

CORPS ET POP CULTURE
Bischoff Jean-Louis
Quelles sont les principales représentations pop culturelles du corps ? Pour y répondre, Jean-Louis Bischoff interroge des musiques actuelles, la cyberlittérature, le cinéma et l'industrie de la forme. Faire apparaître et scruter les catégories de « corps réduit », d'« hyper corps », de « corps digitalisé » ou de « corps écrit », de « corps utopique » et de « corps fardeau », puis ausculter la notion de corps réel et pointer les dangers d'un nouveau purisme sont les tâches que se donne l'auteur.
(Coll. Ouverture Philosophique, 19.00 euros, 184 p.)
ISBN : 978-2-343-07378-1, ISBN EBOOK : 978-2-336-39709-2

DE DERRIDA À LÉVINAS, LA DETTE ET L'ENVOI
Le temps de l'autre – La déconstruction et l'invention du futur
Badleh Jalal
La Déconstruction est le nom de la pensée de l'évènement. Mais elle est aussi l'événement, le nom de ce qui arrive, la justice ou l'impossible. Comment s'opère la coordination entre ces deux définitions ? Qu'est-ce qu'un questionnement déconstructif ? Quelle est la place du sujet postdéconstructif dans cette opération ? Cet ouvrage essaie de répondre à ces questions à travers le dialogue qui a eu lieu entre Jacques Derrida et Emmanuel Lévinas.
(Coll. Ouverture Philosophique, 31.00 euros, 290 p.)
ISBN : 978-2-343-07449-8, ISBN EBOOK : 978-2-336-39841-9

FIGURES PHILOSOPHIQUES DU CONFLIT
Sous la direction d'Andreas Wilmes, Joan-Antoine Mallet
L'ambition de cet ouvrage est d'illustrer à la fois comment la philosophie conceptualise le conflit et comment elle s'efforce d'en résoudre les dangers inhérents. Plutôt que de proposer un aperçu purement abstrait de la notion de « conflit », l'ensemble des travaux se focalise sur la confrontation des philosophes à des problèmes historiques tels que la guerre, la dissension sociale, la tyrannie, ou encore le sport.
(Coll. Ouverture Philosophique, 24.50 euros, 238 p.)
ISBN : 978-2-343-07356-9, ISBN EBOOK : 978-2-336-39796-2

FRONTIÈRES DU VISAGE
(Analogique-numérique)
Boisnard Philippe
À travers une histoire de la représentation, cet essai tente d'interroger la question de l'effacement du visage. Si, pendant longtemps, cet effacement était dû à des stratégies de pouvoir, politiques et économiques, il semblerait qu'avec la démocratisation des technologies, peut-être, ceux qui étaient les effacés de l'histoire de la représentation peuvent enfin apparaître. Mais, à l'ère des réseaux, est-ce aussi simple ?
(Coll. Eidos série Retina, 13.00 euros, 110 p.)
ISBN : 978-2-343-07979-0, ISBN EBOOK : 978-2-336-39795-5

HEIDEGGER ET LE PROBLÈME DE LA MÉTAPHYSIQUE
Balazut Joël
Dès 1935 Heidegger retrouve le sens originel de la métaphysique dans la conception présocratique de l'être comme « phusis ». Sur cette base il va interpréter la métaphysique traditionnelle qui apparaît avec Platon pour culminer chez Nietzsche dans une ontologie de la vie et qui prépare le règne moderne de la technique planétaire, comme un «déni» radical de ce sens originel. L'un des intérêts de cette interprétation de la métaphysique, et non des moindres, est ainsi de rendre compte de la signification de la vogue actuelle des philosophies de la vie.
(Coll. Ouverture Philosophique, 14.00 euros, 122 p.)
ISBN : 978-2-343-07296-8, ISBN EBOOK : 978-2-336-39840-2

L'IRONIE DE SOCRATE – Essai sur l'ironie philosophique
Mestiri Samir
Contrairement à l'ironie polémique et insidieuse des sophistes, celle de Socrate est plutôt interrogeante, désirante et ex-centrique, toujours en quête de connaissance vraie. Le fameux « je sais que je ne sais rien » devient chez lui un outil de défigement de la pensée prisonnière des « systèmes compacts », mais, aussi le meilleur remède contre les pseudo-vérités religieuses et idéologiques.
(Coll. Ouverture Philosophique, 12.50 euros, 106 p.)
ISBN : 978-2-343-07035-3, ISBN EBOOK : 978-2-336-39779-5

MATHÉMATIQUES ET FRONTIÈRES
Baudrand Gabriel
Gabriel Baudrand, professeur agrégé de mathématiques, s'intéresse au thème de la frontière. La perception commune du mathématicien est celle d'un technicien

enfermé dans son monde, qui dresse une frontière entre son activité et le reste de la vie. Le formalisme de cette science entretient cette frontière alors que paradoxalement les mathématiques sont partout et que le concept même de frontières est mathématique. Autant de pistes de réflexions que l'auteur nous invite à explorer.
(Coll. Eidos série Retina, 12.50 euros, 104 p.)
ISBN : 978-2-343-07951-6, ISBN EBOOK : 978-2-336-39764-1

MÉLANGES OFFERTS À RENÉ SCHÉRER
Sous la direction de Constantin Irodotou
René Schérer, né en 1992, a été l'un des fondateurs du département de philosophie de l'université de Vincennes. Ami de Foucault, Châtelet, Deleuze, Lyotard, Bensaïd, Badiou, Rancière, Brossat, etc. Il se penche d'abord sur Husserl et Heidegger, puis s'intéresse à Charles Fourier. Militant de mai 68, il entreprend, dans son *Émile perverti*, une critique de la pédagogie. Il réactualise aussi, avec Guy Hocquenghem, le concept philosophique d'âme. «Utopie», «âme» et «hospitalité» sont les trois concepts clefs pour aborder son œuvre.
(Coll. Quelle drôle d'époque !, 38.50 euros, 374 p.)
ISBN : 978-2-343-07527-3, ISBN EBOOK : 978-2-336-39809-9

LA PENSÉE ESTHÉTIQUE DE JOSÉ VASCONCELOS DANS SON SENS ORIGINAIRE
Le contexte historiographique de la philosophie en Amérique hispanique
Luquín Guerra Roberto
La philosophie latino-américaine s'est divisée en deux orientations principales : soit dévalorisée parce que l'on considérait qu'elle ne faisait que reprendre la pensée européenne ; soit on a tenté de la sauver à partir de perspectives étrangères à la philosophie. Roberto Luquin s'interroge sur le sens que peut avoir une recherche sérieuse sur la pensée spéculative d'un philosophe latino-américain. Il soutient que le vasconcelisme est une authentique pensée philosophique, il s'agit d'un geste créateur qui a su faire le lien entre la pensée philosophique et la pratique politique.
(Coll. La philosophie en commun, 29.00 euros, 278 p.)
ISBN : 978-2-343-07624-9, ISBN EBOOK : 978-2-336-39864-8

LES PHILOSOPHIES ENVIRONNEMENTALES EUROPÉENNES
Europeana 6
Collectif
Peut-on parler d'une philosophie environnementale européenne ? Peut-on unifier, sous ce concept, un corpus hétérogène et beaucoup plus diversifié que celui que l'on peut trouver à propos de la philosophie de l'environnement dans la société nord-américaine ? Est-ce qu'une unité géographique, celle de l'Europe, peut suffire pour garantir un dénominateur commun à des conceptions philosophiques aussi diverses, voire divergentes, que celles qui existent sur le «vieux continent» ?
(Coll. Kubaba, 20.00 euros, 184 p.)
ISBN : 978-2-343-07680-5, ISBN EBOOK : 978-2-336-39785-6

LE REGARD EN-PÉCHÉ
Réflexion sur le regard porté sur le corps féminin
Bacha Lilia – Préface de Youssef Seddik – Avant-propos de Michel Sicard
Ferme les yeux et regarde à travers les paupières. Tout au fond de nous, une voix nous suggère cela face au corps de la femme. Sans être dévêtue : la femme est toujours nue, elle est 'awra. Ce terme arabe désigne ce qu'il faut cacher et définit la femme. Quelle est cette créature exhibée par nature, au point de devoir la cacher ? Quels sont les liens entre cette créature et la femme mais aussi l'homme ? Cette réflexion propose de s'y intéresser en naviguant entre orient et occident.
(Coll. Ouverture Philosophique, 25.00 euros, 250 p.)
ISBN : 978-2-343-05808-5, ISBN EBOOK : 978-2-336-39823-5

THOMAS HOBBES ET L'IDÉE DE PUISSANCE
Karray Aouichaoui Mohamed
Ce travail propose l'étude de la théorie de la puissance telle qu'elle s'est développée dans la philosophie de Hobbes. L'idée directrice est que la puissance n'est plus une donnée de la nature mais que c'est à travers l'agir humain qu'elle s'acquiert. Elle est une capacité d'agir sur le monde par le biais de la science. Avec Hobbes, la science devient le moyen le plus spécifique de la puissance, et celle-ci, par le biais de la science, la capacité d'agir sur le monde, tant naturel qu'humain.
(Coll. Ouverture Philosophique, 33.00 euros, 324 p.)
ISBN : 978-2-343-04013-4, ISBN EBOOK : 978-2-336-39810-5

AUX FRONTIÈRES DE L'HUMAIN
Essai sur le transhumanisme
Koest Pierre
Tels des exilés, nous nous trouvons aujourd'hui dans l'entre-deux d'une frontière, qui sépare l'Humain du Trans-humain. Les progrès vertigineux de la convergence des nanotechnologies, biotechnologies, informatique et sciences cognitives font miroiter un futur aux accents utopiques, qui nous promet longévité accrue et augmentation exponentielle de nos capacités biologiques. Mais apparaît conjointement la menace d'un triomphe de l'intelligence artificielle et à terme de l'extinction de ce que l'on nommait humanité.
(Coll. Eidos série Retina, 19.00 euros, 186 p.)
ISBN : 978-2-343-07664-5, ISBN EBOOK : 978-2-336-39557-9

L'Harmattan Italia
Via Degli Artisti 15; 10124 Torino
harmattan.italia@gmail.com

L'Harmattan Hongrie
Könyvesbolt ; Kossuth L. u. 14-16
1053 Budapest

L'Harmattan Kinshasa
185, avenue Nyangwe
Commune de Lingwala
Kinshasa, R.D. Congo
(00243) 998697603 ou (00243) 999229662

L'Harmattan Congo
67, av. E. P. Lumumba
Bât. – Congo Pharmacie (Bib. Nat.)
BP2874 Brazzaville
harmattan.congo@yahoo.fr

L'Harmattan Guinée
Almamya Rue KA 028, en face
du restaurant Le Cèdre
OKB agency BP 3470 Conakry
(00224) 657 20 85 08 / 664 28 91 96
harmattanguinee@yahoo.fr

L'Harmattan Mali
Rue 73, Porte 536, Niamakoro,
Cité Unicef, Bamako
Tél. 00 (223) 20205724 / +(223) 76378082
poudiougopaul@yahoo.fr
pp.harmattan@gmail.com

L'Harmattan Cameroun
BP 11486
Face à la SNI, immeuble Don Bosco
Yaoundé
(00237) 99 76 61 66
harmattancam@yahoo.fr

L'Harmattan Côte d'Ivoire
Résidence Karl / cité des arts
Abidjan-Cocody 03 BP 1588 Abidjan 03
(00225) 05 77 87 31
etien_nda@yahoo.fr

L'Harmattan Burkina
Penou Achille Some
Ouagadougou
(+226) 70 26 88 27

L'Harmattan Sénégal
10 VDN en face Mermoz, après le pont de Fann
BP 45034 Dakar Fann
33 825 98 58 / 33 860 9858
senharmattan@gmail.com / senlibraire@gmail.com
www.harmattansenegal.com

L'Harmattan Bénin
ISOR-BENIN
01 BP 359 COTONOU-RP
Quartier Gbèdjromèdé,
Rue Agbélenco, Lot 1247 I
Tél : 00 229 21 32 53 79
christian_dablaka123@yahoo.fr

Achevé d'imprimer par Corlet Numérique - 14110 Condé-sur-Noireau
N° d'Imprimeur : 129906 - Dépôt légal : juin 2016 - *Imprimé en France*